Les cavaliers de

1er partie (t. 2/4)

Ponson du Terrail

Alpha Editions

This edition published in 2024

ISBN : 9789362515681

Design and Setting By
Alpha Editions
www.alphaedis.com
Email - info@alphaedis.com

As per information held with us this book is in Public Domain.
This book is a reproduction of an important historical work. Alpha Editions uses the best technology to reproduce historical work in the same manner it was first published to preserve its original nature. Any marks or number seen are left intentionally to preserve its true form.

Contents

CHAPITRE CINQUIÈME V ....- 1 -
CHAPITRE SIXIÈME VI ....- 6 -
CHAPITRE SEPTIÈME VII ....- 9 -
CHAPITRE HUITIÈME VIII ....- 16 -
CHAPITRE NEUVIÈME IX ....- 22 -
CHAPITRE DIXIÈME X ....- 26 -
CHAPITRE ONZIÈME XI ....- 39 -
CHAPITRE DOUZIÈME XII ....- 44 -
CHAPITRE TREIZIÈME XIII ....- 49 -
CHAPITRE QUATORZIÈME XIV ....- 56 -
CHAPITRE QUINZIÈME XV ....- 74 -

CHAPITRE CINQUIÈME
V

La reine au bras de Bothwell, s'était retirée au château de Glascow, et elle y était rentrée presque seule.

Cette nuée de courtisans, cette foule obséquieuse et attentive,—fière tout à l'heure de sa souveraine, orgueilleuse de sa beauté, ivre de ses sourires,—s'était dissipée lentement et avec terreur.

Les uns la croyaient innocente, les autres l'accusaient; tous la voyaient, avec une tristesse profonde, aller se réfugier sous l'épée de Bothwell, et comprenaient vaguement qu'elle se condamnait elle-même par cet acte.

La reine eut le cœur serré en pénétrant dans ces salles tièdes encore du bal et du festin, à travers les croisées desquelles elle avait vu soudain flamboyer les monts et éclater le volcan creusé sous la demeure du roi.

Ces salles, emplies naguère, étaient maintenant désertes; à peine, çà et là, voyait-on accoudé à une cheminée, dans une sombre et pensive attitude, quelque jeune page, fier encore d'un sourire que la reine d'Écosse avait laissé tomber sur lui, et courroucé de l'accusation lancée contre elle comme un défi.

Puis encore c'étaient quelques femmes de service, quelques dames d'honneur, éparses par les salles, errantes à travers les corridors, s'interrogeant à voix basse et d'un air consterné; quelques vieux serviteurs du vieux roi défunt qui avaient vu naître Marie Stuart, l'avaient suivie en France, en étaient revenus avec elle, et qui, à cette heure fatale, se demandaient si l'Écosse était tombée si bas qu'elle accusât sa reine du plus grand des forfaits.

Quant aux courtisans, aux grands seigneurs, bannerets et lords de la plaine ou lairds des montagnes et chefs des clans, ils avaient disparu du château et s'étaient réunis à l'hôtel du comte de Douglas.

Lord Douglas et lord Darnley, père de la victime, étaient devenus, spontanément et sans appel, les chefs tacites d'une insurrection menaçante, dont l'attitude, toute passive encore, avait un caractère plus effrayant, plus redoutable, que celui qu'elle aurait eu les armes à la main.

Au milieu de tous ces seigneurs, dont la voix était unanime à formuler une terrible accusation contre la reine et Bothwell, Hector se trouvait tête nue et sans armes. Mais il avait bien moins l'attitude d'un prisonnier et d'un coupable, que celle d'un champion fort de son innocence, fort de son amour, et qui, à lui tout seul, sauverait celle que tous accusaient.

Du reste, parmi ceux qui l'entouraient, nul ne croyait à son aveu, nul n'était disposé à reconnaître en lui le vrai coupable... Douglas avait répondu de son innocence.

—Mon gentilhomme, lui dit le noble lord, l'entraînant dans une embrasure de croisée, quel jeu jouez-vous?

—Aucun, répondit Hector.

—Vous persistez à vous reconnaître...

—Le seul auteur de la mort du roi.

Un éclair d'admiration passa dans les yeux de Douglas.

—Vous l'aimez donc? fit-il.

Ce que les épées levées sur lui naguère et l'accusation foudroyante de Bothwell n'avaient pu produire, ces simples mots en eurent le pouvoir; Hector pâlit, chancela et faillit se trouver mal.

Douglas le soutint.

—Avouez, lui dit-il tout bas, avouez.

—J'avoue que je suis le meurtrier du roi, répondit Hector se redressant et recouvrant tout son sangfroid.

—Vous êtes un fou! murmura le lord. Mais je vous sauverai malgré vous.

—Sauvez la reine, milord, elle est innocente.

Douglas haussa les épaules.

—Milord, reprit le garde-du-corps avec un accent si convaincu, si sympathique, que Douglas en fut touché, je vous jure que la reine est innocente.

Douglas le regarda:

—Et vous, coupable, n'est-ce pas?

Hector ne répondit point.

—Voyons, continua le noble lord, soyez franc, ouvrez-vous à moi; sur l'honneur et la pureté de mon écusson, si vous avez un secret à me révéler, je garderai ce secret, et nul ne le saura jamais que Dieu, vous et moi.

—Sur votre honneur, milord?

—Sur mon honneur.

—Même si ce secret entraîne ma perte?

Douglas tressaillit.

—Vous êtes un noble et fier jeune homme, murmura-t-il. Soit, je vous le jure.

—Eh bien! écoutez, milord, un homme seul est coupable du meurtre du roi, Bothwell!

—Je le sais, mais la reine est son complice.

—Je vous jure que non, milord.

Et Hector raconta brièvement, mais avec une lucidité parfaite, les faits dont il avait été le témoin, et les paroles surprises par Henry.

—Eh bien! dit Douglas, Bothwell seul sera accusé et condamné.

—Bothwell sera absous, milord.

—Que voulez-vous dire?

—Je veux dire qu'entre le seigneur puissant et l'humble et obscur soldat, les juges n'hésiteront point.

—Mais vous êtes innocent?

—Sans doute, milord.

—Et vous vous défendrez?

—Non, milord.

Douglas recula.

—Pourquoi? demanda-t-il.

—Parce que la reine vient d'absoudre Bothwell en se retirant avec lui, comme elle vient de se condamner s'il est reconnu coupable. Pour que la reine soit pure de tout soupçon, il faut que Bothwell soit absous... Pour qu'il soit absous...

—Il faut que vous soyez coupable, n'est-ce pas?

—Oui, milord.

—Eh bien! fit Douglas avec indignation, périsse Bothwell, périsse l'honneur de la reine, mais vous serez proclamé innocent et je vous défendrai!

—Vous ne le ferez pas, milord.

—Je le ferai, vous dis-je.

—J'ai votre parole. La parole d'un Douglas est sacrée.

Le lord baissa la tête avec désespoir.

—Pauvre insensé! murmura-t-il.

—N'avez-vous jamais aimé, milord? demanda Hector en baissant les yeux.

—Qui n'a aimé? répondit Douglas avec mélancolie.

—Eh bien! alors, vous devez me comprendre... vous devez sentir que je suis placé trop bas et que mon amour monte trop haut pour qu'il me soit permis d'espérer autre chose que la joie immense de dévoûment.

—Quel homme! murmura Douglas.

—Mourir pour sa reine, reprit Hector avec enthousiasme, ce n'est pas un supplice c'est un triomphe! Que me fait le bourreau, la torture et le bûcher, si elle est innocente! si ma mort, à laquelle le peuple applaudira, rend à sa souveraine le respect, l'idolâtrie de ce peuple!

—Votre reine, fit Douglas avec mépris, votre reine que vous dites, que je veux bien croire innocente, a perdu l'amour et la vénération de ses sujets à l'heure même où elle a pris le bras de Bothwell. Les juges l'absoudront, l'opinion ne l'absoudra point.

—Bothwell! murmura Hector frissonnant, Bothwell!...—Milord, reprit-il d'un air sombre, vous êtes le seigneur le plus puissant du royaume d'Écosse, le plus brave, le plus loyal. A votre voix, sous votre main, les portes d'une prison peuvent s'ouvrir...

—Oui, fit Douglas, et je vous sauverai!

Hector hocha tristement la tête:

—Ce n'est point ce que je vous demande, murmura-t-il, je veux une heure de liberté, une seule... pour poignarder Bothwell, et puis... j'irai au supplice la tête haute et le cœur vaillant.

—Vous l'aurez, fit Douglas étouffant un soupir dans sa rude poitrine de soldat.

—Merci!

Ce dialogue avait eu lieu dans une vaste salle emplie de seigneurs.

Tous avaient suivi du regard, ne pouvant l'entendre, la conversation du lord et du soldat; tous étaient convaincus de l'innocence d'Hector, et chacun d'eux cherchait à deviner, dans son attitude et dans ses gestes, le mobile de son étrange conduite.

Tout à coup les portes s'ouvrirent et un héraut d'armes entra.

Il s'inclina trois fois puis se couvrit et cria:

—De par la reine, oyez et faites silence!

Un murmure confus, mêlé d'étonnement et d'indignation, courut parmi la noblesse écossaise. On se demandait jusqu'à quel point cette femme qu'accusait la rumeur publique avait encore le droit de parler en reine.

Cependant la curiosité l'emporta sur tout autre sentiment et le silence s'établit dans la foule.

Le héraut déplia alors un parchemin scellé du grand sceau et lut:

«Nous, Marie Stuart, reine d'Écosse à nos féaux et sujets, nobles, bourgeois et vilains.

»Le soupçon est un stigmate qui ne doit point souiller le front des rois. Notre peuple nous accuse, il faut, et telle est notre royale volonté, que la lumière soit faite à l'instant. Nous avons donc résolu qu'aujourd'hui même, un lit de justice serait tenu par la noblesse de notre royaume et les grands feudataires de notre couronne, à la seule fin de rechercher les coupables du meurtre du roi, notre époux, et de les punir selon la rigueur et la juste sévérité des lois du royaume.

»Nous y comparaîtrons en accusée et, Dieu aidant, nous en sortirons innocentée et reine.

»Le lit de justice sera composé de douze lords du royaume, désignés par la noblesse elle-même; il s'ouvrira dans la salle du trône de notre château royal de Glascow.—Signé: la reine[A].»

[A] Mémoires du laird de Tullibardine.

Un sourd murmure accueillit cette proclamation, et un sentiment d'oppression générale pesa sur cette foule, devenue juge et partie à la fois.

Car la cause de la reine, c'était celle de la noblesse, et la honte d'une condamnation devait nécessairement rejaillir sur elle.

Un seul homme redressa la tête et eut un fier sourire: c'était Hector!

Un autre homme, Douglas, surprit ce sourire et frissonna. Il crut déjà voir le bourreau dépouillant ce beau jeune homme de sa collerette et de son pourpoint, et levant sur lui cette hache qui était au moyen-âge le fatal et dernier privilége de la noblesse.

CHAPITRE SIXIÈME
VI

A midi sonnant, les portes du château de Glascow s'ouvrirent, et le peuple, la noblesse, les corps de métiers, la population tout entière de la ville fui conviée à cet imposant et triste spectacle d'une reine accusée et jugée par ses sujets.

La salle où se tenaient les douze lords composant le lit de justice, était entièrement tendue de noir.

Les juges étaient présidés par le comte d'Argyle.

Debout, devant leur estrade, se tenait un vieillard en habit de deuil, grave, sombre, résolu.

C'était lord Darnley, comte de Lenox.

Puis à côté de Darnley, il y avait un jeune homme triste, grave comme le vieillard, mais calme et semblant attendre avec impatience.

C'était Hector.

Entre l'estrade des juges et les bancs réservés à la noblesse et au populaire, se trouvait un large espace vide.

Au milieu de cet espace on avait placé un fauteuil: ce fauteuil était pour la reine,—c'est-à-dire pour l'accusée.

La reine parut bientôt.

Elle était encore, comme le matin, au bras de lord Bothwell.

Pâle, mais résolue, elle marchait d'un pas ferme et jeta un regard de calme dédain à ses juges et à ses accusateurs.

Elle marcha droit au fauteuil qui lui était réservé, et, avant de s'asseoir, elle dit aux juges qui demeuraient sur leurs siéges:

—Puisque vous ne m'avez point condamnée encore, puisque je suis encore votre reine, j'ai le droit de parler comme telle et de vous commander le respect. J'attends votre salut, milords.

Les juges se levèrent sans mot dire, s'inclinèrent froidement, puis se rassirent.

Alors la majesté royale s'effaça, la reine disparut devant l'accusée, et le comte d'Argyle s'adressant à elle directement, lui dit:

—Comment vous nommez-vous et qui êtes-vous?

—Je me nomme Marie Stuart, et je suis reine d'Écosse.

—Marie, reprit le président, vous êtes accusée du meurtre de votre époux, sir Henry Darnley, de complicité avec lord Bothwell, qui se trouve debout à votre droite.

—Qui m'accuse?

—Moi! dit le vieillard qui n'avait plus de fils.

—Nous! murmurèrent cent voix.

Tous les yeux se tournèrent vers Douglas, comme pour lui demander son approbation.

Mais Douglas se tut, Douglas parut douter; Douglas sembla revenir sur ses premières paroles par ce silence que nul ne comprenait.

Il avait accusé la reine, et tous l'avaient accusée avec lui; il avait proclamé l'innocence d'Hector, et tous avaient cru à cette innocence.

Maintenant il se taisait et n'accusait plus... beaucoup se turent comme lui, beaucoup sentirent leur conviction ébranlée par ce silence.

Seul, le comte de Lenox répéta:

—Moi, lord Darnley, père du roi, je t'accuse, toi, Marie Stuart, reine d'Écosse, de la mort du roi ton époux.

Mais avant que la reine eût répondu, Hector s'avança au milieu de la salle et dit:

—Moi seul suis le vrai coupable. J'aimais la reine...

Hector s'arrêta ému; un murmure d'étonnement se fit entendre; la reine eut un geste de surprise.

Hector continua:

—J'aimais la reine: une jalousie furieuse, une folie sans nom, m'ont porté à commettre ce crime.

Le murmure alla croissant: les uns ajoutaient foi à ces paroles, les autres doutaient encore...

Mais tous étaient soulagés.

Qu'était Hector? un soldat inconnu dont la vie n'importait à personne.

Qu'étaient les deux autres accusés?—Une reine et un seigneur puissant.

Condamner Bothwell, c'était déshonorer la noblesse écossaise,—condamner la reine, c'était déshonorer le royaume et la nation entière.

Il fallait choisir entre ce double déshonneur et la vie d'un simple gentilhomme.

Le choix ne pouvait être douteux.

Parmi les juges, plusieurs étaient persuadés de l'innocence d'Hector, et cependant aucun n'osa élever la voix pour l'absoudre.

Après une heure de délibération, le tribunal suprême rendit un arrêt qui reconnaissait lord Bothwell et la reine innocents de la mort du roi;—déclarait Hector, seul coupable, et le condamnait à avoir la tête tranchée.

Hector entendit sa condamnation sans tressaillir, sans manifester la moindre émotion.

Douglas s'approcha de lui et lui dit tout bas:

—Je vous sauverai!

—Non, répondit Hector; laissez-moi seulement poignarder Bothwell.

CHAPITRE SEPTIÈME
VII

Hector se plaça de lui-même entre les soldats chargés de conduire le condamné en prison, et il les suivit d'un pas ferme, la tête rejetée en arrière, un sourire calme et fier sur les lèvres.

Il passa devant la reine et s'inclina profondément; la reine y prit garde à peine, la reine ne le daigna point regarder, le frappant d'un double mépris; l'un à l'adresse de l'assassin,—l'autre à celle du soldat assez hardi pour avoir levé les yeux sur elle. L'accusation, le jugement, la condamnation avaient trouvé le jeune homme impassible, presque indifférent; il avait écouté la sentence sans qu'un muscle de son visage tressaillît, il avait refusé la vie que lui offrait Douglas sans qu'une fibre de son cœur vibrât...

Mais ce dédain de la reine l'accabla; il pâlit, chancela et fut contraint de s'appuyer au bras d'un des soldats pour ne point tomber.

On eut dit qu'un premier coup de hache avait entamé son col.

—L'insensé! murmura Douglas qui vit tout... Et il a le courage de ne point s'écrier: Je suis innocent! Je voulais sauver cette femme;—Eh bien! puisque cette femme m'accable, que la vérité se fasse!

Hector sortit lentement et sans jeter un coup d'œil en arrière.

Plus d'un regard de pitié le suivit, plus d'une femme soupira, et crut voir déjà ce fier gentilhomme si simple, si grand, s'agenouiller sur l'échafaud et tendre au bourreau sa belle et noble tête.

Le comte d'Argyle se tourna vers Douglas, et lui dit tout bas:

—A quelle prison voulez-vous qu'on le conduise?

—Dans le château même, répondit Douglas; dans la tour de l'Est.

Le comte donna un ordre qui fut à l'instant exécuté.

Un moment de silence suivit le départ du condamné.

Puis tous les regards se portèrent vers la reine.

La reine, forte de son innocence—irritée d'avoir été accusée, promenait un œil sévère et rempli de dédain autour d'elle.

Au moment où les portes se refermaient sur Hector et les soldats qui l'entraînaient, elle regarda le comte d'Argyle en face et lui dit:

—Suis-je reconnue innocente, monsieur!

—Oui, madame, répondit le comte avec un accent glacé.

—Aucun soupçon ne pèse plus sur moi ni sur le comte de Bothwell?

—Non, madame.

—Ainsi, je suis encore reine d'Écosse?

—Sans doute, madame.

—Et mes sujets ne se trouvent point dégagés de leurs serments de vasselage et de fidélité?

—Je ne le pense pas.

—Alors, dit la reine avec une colère qu'elle s'efforçait en vain de contenir, milords et messieurs, vous tous qui êtes ici, oyez les ordres émanés de notre volonté royale, et apprêtez-vous à les exécuter et à les répandre par tout le royaume. Nous, la reine, ordonnons: Considérant que le comte de Bothwell a été injustement accusé de complicité dans le meurtre du roi notre époux; considérant encore qu'il est de notre devoir de réparer les torts et préjudices faits à nos loyaux et fidèles sujets, nous faisons le lord comte de Bothwell, duc d'Orkney, lui donnant en toute propriété les terres, biens et honneurs attachés à ce titre, et le nommons notre ministre-régent.

La reine avait prononcé ces derniers mots d'une voix vibrante, et elle s'arrêta un moment, continuant à écraser le tribunal tout entier du poids de son regard. Un murmure d'indignation accueillit ces marques de faveur accordées à Bothwell.

Mais la reine, s'enhardissant à ce bruit d'opposition qui se faisait autour d'elle, continua:

—En outre, nous chargeons lord Bothwell, duc d'Orkney, et notre premier ministre, d'enjoindre à lord Darnley, comte de Lenox, à lord Archibald, duc de Douglas, à sir Murray, laird de la Tullibardine, et autres seigneurs qui ont eu l'audace d'élever contre nous, la reine, une accusation mensongère, d'avoir à quitter notre cour dans les vingt-quatre heures, et se retirer chacun dans leurs terres, s'ils ne veulent encourir notre colère royale.

Lord Bothwell, donnez-moi votre bras.

Et la reine faisant un pas en arrière, se retira, dédaigneuse et superbe, l'œil en courroux, le mépris sur les lèvres.

Alors, une explosion de murmures éclata parmi la noblesse, et lord Douglas s'écria:

—Marie Stuart, reine d'Écosse, nous, les représentants de la noblesse écossaise, nous te déclarons la guerre et te retirons nos serments de vasselage et de fidélité.

La reine se retourna:

—Vous êtes ici chez moi, lui dit-elle, et je vous ordonne de vous taire.

Puis elle ajouta:

—Lord Henry Darnley, le roi notre époux ayant été lâchement assassiné, notre bon plaisir est que son assassin ait la tête tranchée.

Douglas fit alors un pas vers la reine et lui dit tout bas:

—Prenez garde, madame, de trop reculer l'exécution.

—Que vous importe! fit-elle avec dédain.

—La lumière pourrait se faire, répondit froidement Douglas, qui se retira à pas lents.

La reine ne comprit point et sortit.

—Maintenant, dit Douglas, je vais sauver ce jeune homme à tout prix et malgré lui.

Le cachot où l'on conduisit Hector était un sombre réduit, privé d'air et de lumière. Une paille humide en jonchait le sol; des murs noirs, sans écho, semblaient y peser de tout leur poids et de toute leur tristesse sur l'âme des prisonniers.

Mourir en plein jour, en plein soleil, devant une marée de peuple qui se racontera, le soir, les minutes de votre heure dernière, après avoir applaudi à l'héroïque courage avec lequel vous avez tendu la tête à la hache du bourreau—tout cela n'était rien pour un homme de la trempe d'Hector. Mais le cachot, c'est-à-dire l'agonie morale qui précède l'agonie physique, cette mort de l'âme qui devance la mort du corps, voilà ce qui épouvante et glace les plus braves.

Hector subit cette torture pendant le reste de la journée. Quand il se retrouva seul, isolé du monde vivant par des portes de fer et des murs qui ne laissaient arriver au dehors ni les cris, ni les sanglots des captifs, il songea à la reine.

A la reine, qui n'avait point deviné son dévoûment; à la reine, qui l'avait accablé de son dédain, qui battrait des mains, sans doute, quand sa tête roulerait du haut de l'échafaud et irait ensanglanter le pavé. Et ce qui l'occupait surtout, ce qui arrêtait la circulation du sang dans ses veines, ce n'était point le mépris, l'ingratitude de celle qu'il aimait—c'étaient les dangers dont il la voyait environnée, les orages qu'il devinait devoir fondre sur elle, du jour où elle livrerait à Bothwell sa confiance, son cœur, les secrets de son âme.

Alors, il se souvint que Douglas lui avait promis une heure de liberté—et il espéra.

Les heures s'écoulèrent pour lui avec une lenteur mortelle, l'œil attaché sur l'étroite meurtrière au travers de laquelle filtrait un rayon blafard; il attendit, dans une suprême et muette anxiété, que ce rayon, pâlissant peu à peu, finît par s'éteindre et annonçât, en mourant, l'arrivée prochaine de Douglas.

Alors encore, comme un monde de pensées se heurtent d'ordinaire dans le cerveau d'un prisonnier—il se souvint de son récent voyage à la tour de Penn-Oll, du serment qu'il avait fait, de sa mission dans l'avenir, et il se demanda jusqu'à quel point il avait le droit de sacrifier à son amour—passion égoïste, puisque son cœur seul était en jeu—les intérêts de cet enfant qu'il avait juré de replacer sur le trône de ses pères.

Ne devait-il point accepter ce salut que lui offrait Douglas? Irait-il volontairement à la mort, quand il pouvait retourner à la vie?

Hector ne s'était point encore répondu, quand un léger bruit se fit derrière lui et attira son attention. Le rayon de lumière du soupirail s'était évanoui, la nuit était venue et les faibles bruits extérieurs parvenus jusqu'à lui durant la journée, s'éteignaient graduellement.

Il plongea un regard ardent dans l'obscurité et ne vit rien...

Le bruit augmenta et il crut distinguer le grincement assourdi d'une clé dans une serrure invisible.

Il courut à la porte de son cachot...

La porte était close, et le bruit paraissait venir d'une direction opposée.

Bientôt à ce bruit de clés un autre bruit succéda, plus net, plus distinct, celui d'une porte tournant sur ses gonds; en même temps une bouffée d'air moins vicié vint lui rafraîchir le visage...

Un pan de mur s'était entr'ouvert par magie, et de ce pan de mur jaillit une clarté rougeâtre, qui se projeta au milieu des ténèbres du cachot.

Un homme parut, son épée d'une main, une lanterne sourde de l'autre.

L'homme qui entrait, c'était Archibald Douglas lui-même.

Hector étouffa un cri.

—Silence! lui dit Douglas; venez, et pas un mot...

Hector s'inclina et suivit le lord.

Douglas le prit par la main, l'entraîna par cette porte mystérieuse et lui montra un escalier tournant dans l'épaisseur du mur, et conduisant sans doute au premier étage du château.

Le lord gravit la première marche, Hector le suivit.

Ils montèrent ainsi pendant dix minutes, puis Douglas poussa une porte et introduisit le jeune homme dans un corridor si vaste que la clarté de sa lanterne n'en put dissiper entièrement les ténèbres.

—Vous reconnaissez-vous? lui demanda-t-il à voix basse.

—Oui, répondit Hector; c'est la galerie des gardes.

—Et au bout de cette galerie?

—Le corridor du roi.

—Eh bien! reprit Douglas, vous connaissez la chambre rouge, c'est celle qu'occupe Bothwell.

—Bien, dit Hector.

—Maintenant, fit Douglas en hésitant, réfléchissez une minute, une seule. Vous avez joué et perdu votre vie pour sauver la reine, la reine ne vous aime pas...

—Je le sais, murmura Hector d'une voix sombre.

—Elle ignorera votre sacrifice...

—Je le sais encore.

—Et si elle est innocente...

—Elle l'est, milord...

—Soit. En ce cas, elle vous méprisera et regardera votre mort comme une expiation nécessaire et juste.

—Je le sais encore, milord. Mais qu'importe!

—Vous êtes jeune, beau, vaillant; vous entrez dans la vie à peine. La vie est bonne quand on a l'avenir devant soi; l'avenir, horizon inconnu et sans bornes!...

—La vie est un supplice quand on aime... et puis...

—Et puis? fit Douglas.

—Si je ne tue cet homme, la reine est perdue!

—Eh bien! prenez cette dague et cette clé. La première est de fine trempe; elle traverse d'un seul coup quatre souverains d'or... La seconde est graissée et ne vous trahira pas; elle ouvre la chambre rouge... Bothwell l'occupe; il y est à cette heure, car il est minuit. Entrez, tuez-le..

—C'est tout ce que je veux, dit Hector, en prenant l'une et l'autre.

—Et quand ce sera fait, revenez ici.

—Pourquoi, milord?

—Parce que je vous y attends.

—Avez-vous donc encore quelque chose à me dire?

—Je veux vous sauver, fou que vous êtes.

—Moi, je ne le veux pas, milord!

—Mais, triple insensé! vous n'avez donc ni sœur, ni mère, ni famille!

—J'ai un père, murmura Hector.

—Ce père n'a donc pas mis en vous l'espoir et l'orgueil de sa race?

Hector soupira: il se souvint de l'enfant, de son serment, de sa mission et il hésita.

—Voyons, insista Douglas, répondez!

Et, comme il se taisait, le lord continua:

—Je suis proscrit, moi aussi; j'ai accusé la reine, la reine m'a banni. Mes gentilshommes m'attendent, mes chevaux sont prêts, dans une heure nous serons en selle, et je vous conduirai à l'ombre des murs de Douglas, où nul, duc, empereur ou roi, n'osera vous venir chercher...

Hector se taisait toujours.

—Vous avez voulu sauver la reine, n'est-ce pas?

—Oui, mylord.

—Eh bien! elle est sauvée, puisqu'aux yeux du monde vous êtes seul coupable. Cela ne vous suffit-il point? faut-il que votre sang coule?...

Hector hésitait encore à la voix entraînante de Douglas qui lui montrait la vie, le soleil, l'air pur, l'avenir, le prisme étincelant, les bonnes heures de la jeunesse;—il hésitait en se souvenant de son père, du fils de Penn-Oll, de cette jeune femme, mère et veuve éplorée, qui redemandait aux flots son époux, à l'espace son enfant.

Et il craignit de céder.

—Milord, dit-il tout à coup, n'est-ce pas que parmi les seigneurs écossais, il en est qui accusent encore la reine?

—Sans doute, répondit Douglas.

—Même après mes aveux et ma condamnation?

—Comme ils l'accusaient avant.

—Alors il faut que ma tête tombe.

—Folie!

—Non, milord; car si vous me sauvez, si je fuis...

Hector s'arrêta et passa la main sur son front.

—Si vous fuyez? qu'arrivera-t-il donc?

—Il arrivera qu'on répandra le bruit que j'étais un misérable payé par la reine pour faire des aveux, et que la reine m'a fait évader.

Le lord fronça le sourcil et ne répondit pas.

—Vous voyez bien qu'il faut que je meure, milord; mon sang effacera le dernier nuage, le dernier soupçon qui planerait encore sur elle.

Douglas mit la main sur ses yeux, et une larme jaillit au travers de ses doigts.

—Adieu, milord... Merci! murmura Hector faisant un pas vers le corridor du roi.

Tout à coup une brusque pensée l'assaillit; il revint vers le duc, lui prit la main et lui dit avec émotion:

—N'est-ce pas, milord, que lorsque la réprobation universelle pèsera sur ma mémoire et que l'histoire aura inscrit sur ses pages immortelles mon nom à côté du nom des régicides, vous protesterez tout bas, et dans le fond de votre âme, contre l'erreur des hommes et l'erreur de l'histoire?

—Je vous le promets, noble cœur, murmura Douglas d'une voix brisée. Vous êtes le plus héroïque soldat, l'âme la plus grande que j'aie rencontrée jamais.

—Merci! Je ne suis qu'un soldat, vous êtes un grand seigneur; mais vous savez si ma main est loyale; ne la serrerez-vous point?

Douglas étouffa un sanglot et pressa Hector sur son cœur.

—A moi Bothwell, maintenant! s'écria le jeune homme ivre d'enthousiasme.

Et il s'élança vers le corridor du roi, laissant Douglas immobile et consterné.

CHAPITRE HUITIÈME
VIII

Hector connaissait parfaitement les dispositions intérieures du château.

La reine venait souvent à Glascow avec sa maison militaire, et le jeune garde avait fait faction l'épée à la main dans toutes les salles et dans tous les corridors.

Il gagna sans nulle hésitation ce qu'on nommait le corridor du roi et arriva à la porte de la chambre rouge.

Un filet de lumière glissait au travers des interstices et un bruit de voix étouffées s'en échappait.

Hector retint son haleine et écouta.

Un dialogue animé, brusque, semé d'interruptions, lequel avait lieu entre un homme et une femme, lui arriva par lambeaux.

La voix de femme, Hector la reconnut et chancela: c'était celle de la reine.

La voix de l'homme, il la reconnut aussi, et sa main se raidit comme si elle voulut inscruster chacun de ses doigts dans le manche de son arme.

Bothwell parlait en maître, et d'un ton impérieux...

La reine suppliait.

Hector sentit un ouragan de colère crisper sa gorge, et son cœur bondissant dans sa poitrine, essaya d'en briser les parois.

—Milord, disait la reine avec l'accent de la prière, je ne puis, je ne dois point vous écouter...

—Madame, répondait Bothwell, maudit soit le destin qui m'a jeté sur votre route, car cette destinée nous sauvera ou nous perdra tous deux.

—Je ne vous comprends pas, milord.

—Vous allez me comprendre, madame: je vous aime...

—Oh! taisez-vous! de grâce...

—Je vous aime, continua Bothwell avec chaleur, depuis longtemps... depuis le jour où vous êtes revenue de France... depuis le jour où, dans une réception solennelle des grands feudataires de votre couronne, vous avez laissé tomber sur moi un sourire banal, comme tant d'autres en ont vu s'échapper de vos lèvres.

—Monsieur, dit la reine avec dignité, vous êtes mon sujet!

—Oh! je le sais, madame, mais le roi, celui qui vient de mourir...

—Paix aux morts!

—N'était-il pas votre sujet, avant de devenir votre époux?

—Monsieur... au nom du ciel!...

—Il ne vous aimait pas, cependant, reprit Bothwell avec amertume, moi, je vous aime...

—Taisez-vous!

—Je vous aime d'un ardent et terrible amour, et je ne connais pas, je ne trouverai pas d'obstacle...

—Mais, moi, monsieur, je ne vous aime pas...

Et en prononçant ces mots, la reine trembla si fort qu'Hector en tressaillit.

—Vous m'avez défendue quand on m'accusait, reprit-elle, je suis allée à vous... je vous ai pris le bras, je me suis mise sous votre protection... abuserez-vous de ma confiance?

—Non, madame; mais je vous l'ai dit, je vous aime en insensé, je suis capable de tous les crimes...

La reine recula et attacha sur lord Bothwell un regard éperdu:

—Mon Dieu! s'écria-t-elle, mon Dieu!

Et elle l'envisagea avec terreur.

—Qu'avez-vous, madame, et que vous ai-je donc dit? fit-il avec étonnement.

—Rien, dit-elle; mais ce mot... de crime...

—Eh bien? fit Bothwell.

—Le roi... murmura-t-elle.

Bothwell eut un ricanement de colère.

—Ah! madame, fit-il, je ne croyais pas que vous me pussiez faire pareille injure!

Et l'accent de Bothwell était si indigné que la reine en éprouva une vive douleur et lui tendit spontanément la main.

—Pardonnez-moi, dit-elle, je suis folle!

—C'est vous qui devez me pardonner, madame, répondit Bothwell avec une humilité hypocrite, je vous ai cruellement et indignement offensée...

—Vous? répondit la reine troublée.

—Oui, moi, continua Bothwell dont la voix était caressante et fascinatrice maintenant, autant qu'elle était brusque et emportée naguère, je vous ai parlé de mon amour, je vous ai offensée... pardonnez-moi...

Et Bothwell se mit à genoux et prit les mains de la reine dans les siennes...

Tandis qu'il les approchait de ses lèvres, une larme tomba de ses yeux, et cette larme brûla les mains de Marie, qui les retira vivement et poussa un cri.

Mais ce cri était si alarmé, si vibrant d'effroi, que Bothwell tressaillit d'espérance et comprit que le premier pas était fait, et que la reine venait de trembler pour son propre cœur.

—J'ai été un téméraire et un insensé, madame; un téméraire, car j'ai osé vous parler d'amour, un insensé, car j'ai cru que l'amour d'un grand seigneur comme moi pourrait être écouté d'une reine comme vous. Je me suis figuré, fou que j'étais! que, rois ou ducs, les nobles étaient égaux, et que l'un des gentilshommes les plus riches et les plus nobles du royaume, pouvait, puisque tel était l'usage, en épouser la reine... Je me suis trompé, pardonnez-moi, madame.

Et Bothwell, à genoux, avait une voix fascinatrice et voilée, cachant des sanglots et une douleur intraduisible sous son apparente douceur.

Cette scène avait lieu dans la chambre rouge, à la clarté d'un flambeau, minuit sonné, et le château endormi du faîte à la base.

Bothwell était tête nue, pâle, les cheveux rejetés en arrière, la lèvre douloureusement crispée, les mains jointes et tendues vers la reine.

La reine était debout, adossée au mur, dans un état de perplexité et de terreur impossible à décrire. Ses cheveux dénoués flottaient sur ses épaules, son œil était hagard, ses lèvres frémissaient... elle regardait Bothwell avec un mélange d'effroi et de tendresse.

Car Bothwell ainsi placé, ainsi agenouillé, Bothwell, dont la passion courbait le front, était beau en ce moment, et toute reine qu'elle pût être, Marie était touchée. Elle hésitait, elle commençait à faiblir.

—Madame, reprit Bothwell, vous m'avez fait duc, n'est-ce pas?

—Sans doute, dit la reine.

—Vous m'avez nommé premier ministre?

—En effet, dit-elle encore.

—Eh bien! reprenez ce brevet de duc, reprenez ces lettres de premier ministre, je n'en veux pas!

—Vous... n'en... voulez pas?...

—Non, car je vais partir à l'instant même, je vais me retirer dans mes terres, loin de la cour, loin de vous... Je vais m'imposer un exil volontaire... Je vais essayer de mourir vite... et je réussirai, madame, car je ne vous verrai plus...

Bothwell mit la main sur ses yeux, et la reine vit couler deux grosses larmes au travers de cette main crispée...

—Monsieur, monsieur... fit-elle chancelante, si je vous fais du mal... pardonnez-moi...

—Vous! me faire du mal, murmura-t-il avec un sourd ricanement! Oh! vous ne le croyez pas, vous ne pouvez le croire, madame?

Et Bothwell écarta ses mains et essaya de sourire.

Ce sourire navra le cœur de la reine.

—Monsieur, reprit-elle, vous dites que vous m'aimez, n'est-ce pas?

—Si je vous aime!

—Mais vous ne me l'aviez jamais dit...

—Le pouvais-je, il y a vingt-quatre heures?

—C'est juste, vous êtes loyal.

—Je souffrais, madame, silencieusement et dans l'ombre, vivant de votre sourire et de votre regard, me trouvant sur votre passage pour effleurer votre robe, heureux quand, par hasard, vous daigniez me remarquer... J'étais sur vos pas sans cesse, toujours prêt à tirer l'épée pour vous défendre, car autour de vous se presse une noblesse turbulente, insoumise, qui supporte difficilement le joug d'une femme...

La reine eut un geste d'inquiétude.

—L'avez-vous vue, naguère, continua Bothwell, l'avez-vous vue vous accuser du plus grand des crimes, quand ce crime était l'œuvre d'un misérable obscur?

—Oh! oui, fit la reine pâlissante.

—Eh bien! parmi elle nul ne s'est levé pour vous défendre et venger l'honneur outragé de sa souveraine! Il ne s'est pas trouvé un seul noble d'Écosse...

—Vous vous trompez, milord, murmura la reine émue, il s'est trouvé un grand seigneur, un cœur loyal et fidèle, qui a mis son épée et sa voix à mon service... C'était vous!

Et la reine lui tendit la main.

Bothwell prit cette main qui tremblait, la porta à ses lèvres et la couvrit de baisers.

—Mon Dieu! murmura-t-il avec transport, dites-moi qu'un jour viendra où vous ne refuserez pas mon amour. Madame, dites-le moi... par pitié...

La reine hésitait encore, mais elle allait succomber, quand, soudain, elle jeta un cri d'effroi...

La porte venait de s'ouvrir lentement, et un homme, l'œil étincelant, apparut sur le seuil.

Il était pâle et froid comme une statue—son regard seul vivait et semblait écraser Bothwell.

Bothwell, à sa vue, recula involontairement, et porta la main à son épée.

—Quel est cet homme? s'écria la reine troublée.

Elle ne reconnaissait pas Hector.

—Cet homme, fit Hector en allant vers elle, cet homme, madame, vient vous sauver.

—Le meurtrier du roi! fit Bothwell.

Hector se tourna vers lui avec un dédain suprême.

—Vous savez bien que non, lui dit-il.

—L'assassin! l'assassin chez moi? exclama la reine effrayée.

—Madame, dit Hector avec calme, je supplie humblement Votre Majesté de daigner m'écouter.

—Ne l'écoutez pas! fit Bothwell frémissant; c'est un lâche et un assassin!

Hector ne répondit pas, mais il leva son poignard sur la poitrine de Bothwell et lui dit:

—Si tu ajoutes un mot, je te tue!

La reine poussa un cri et se précipita pour sauver Bothwell.

Hector recula d'un pas, mais n'abandonna point son poignard.

—Madame, reprit-il, je vous ai demandé deux minutes d'entretien, me les accorderez-vous?

La reine fit un geste de mépris.

Hector leva de nouveau son poignard sur la gorge de Bothwell acculé au mur... la reine jeta un nouveau cri.

—Parlez, murmura-t-elle, que me voulez-vous?

—Vous voyez cet homme, madame?

—C'est lord Bothwell.

—Cet homme est le meurtrier du roi!

—Tu mens, assassin! vociféra Bothwell.

—Vous savez bien que non, répondit Hector avec un calme terrible... Madame, continua-t-il, je voudrais être seul avec vous, seul quelques minutes...

La reine eut un mouvement d'effroi.

—Est-ce mon poignard qui vous épouvante? Ne craignez rien, dit-il en jetant le poignard.

Bothwell le ramassa, puis s'adressant à la reine:

—Cet homme est un misérable, mais écoutez-le, je me retire dans la pièce voisine. S'il osait vous insulter, appelez, je serai là pour vous venger.

Et Bothwell sortit.

CHAPITRE NEUVIÈME
IX

Hector attendit que la porte se fût refermée, puis, quand il fut seul avec la reine, il lui dit:

—Madame, on a trouvé votre gant dans la mine.

—Je le sais, dit la reine.

—Ce gant, vous l'avez perdu au bal.

—Je le sais encore.

—Un homme l'a ramassé.

La reine lui jeta un regard de mépris:

—C'était vous, n'est-ce pas?

—C'était lord Bothwell.

—Vous mentez!

—Plût à Dieu! murmura Hector; car alors, lord Bothwell ne serait point un lâche et un misérable; lord Bothwell ne menacerait pas l'honneur, le repos de la reine.

La reine sourit avec dédain:

—Est-ce la jalousie qui vous fait parler, monsieur? demanda-t-elle.

Hector porta la main à son cœur:

—Vous me faites mal... madame, murmura-t-il avec douceur.

—Ah! dit-elle froidement; je vous fais mal?

—C'est lord Bothwell qui a assassiné le roi, reprit Hector; doutez-en, peu m'importe! j'ai fait le sacrifice de ma vie, madame, j'ai refusé de fuir tout à l'heure, et ce n'est point ma grâce que je viens chercher ici!

—Qu'y venez-vous donc faire, monsieur?

—Je venais y tuer lord Bothwell.

—Le tuer!

—Oui, madame, car lord Bothwell c'est votre honneur foulé aux pieds, c'est le mépris de l'Europe tombant sur vous, la haine de votre noblesse vous écrasant, vos sujets vous livrant à la reine d'Angleterre, votre implacable ennemie... lord Bothwell, c'est la trahison, la fausseté, le crime, l'infamie... lord Bothwell...

La reine étendit la main:

—Assez, monsieur, assez, murmura-t-elle, je ne vous crois pas!

—Oh! croyez-moi, madame, croyez-moi, reprit-il avec des sanglots dans la voix—au nom de cette tête que j'ai donnée pour vous sauver... au nom de cet amour...

Hector avait à peine prononcé ce mot qu'il se sentit frémir et trembler, et alla s'appuyer au mur, défaillant et pâle.

Ce mot d'amour fit tressaillir la reine; le courroux brilla dans son regard, et elle lui dit avec cette froide cruauté que les femmes seules possèdent:

—Cet amour vous égare, monsieur...

Ce mot, le ton avec lequel il fut dit, le geste qui l'accompagna, produisirent sur Hector l'effet de la foudre, un nuage passa sur ses yeux, son front se mouilla, il pirouetta sur lui-même et s'affaissa sur le sol.

En ce moment la porte s'ouvrit et Bothwell entra avec quatre gardes du corps.

La reine était pâle et oppressée.

A ses yeux, Hector était un assassin—elle ne croyait pas un mot de ce qu'il lui avait dit.

Mais c'était un assassin dont l'amour avait armé le bras; c'était un téméraire qui avait osé l'aimer et que son amour avait rendu criminel.

C'était cet amour encore qui l'amenait ici, qui le faisait calomnier Bothwell...

C'était cet amour qu'elle venait de flageller impitoyablement, et qui le jetait ainsi dans cette douleur morne et désespérée, dans cette prostration morale et physique où elle le voyait.

Elle en eut presque pitié; et sans l'arrivée subite de Bothwell, peut-être lui eût-elle tendu la main pour le relever.

Mais Bothwell entra l'œil étincelant, le sourcil froncé. Bothwell le désigna aux soldats et leur dit:

—Emparez-vous de cet homme!

Ils soulevèrent Hector toujours affaissé sur lui-même; ils le garrottèrent.

Hector n'opposa aucune résistance.

—Madame, dit alors Bothwell, ce misérable vous a offensée, mais pardonnez-lui, il est fou!

—Je lui pardonne, dit la reine avec douceur.

Ces mots galvanisèrent Hector. Il se redressa soudain, jeta un regard chargé de haine sur Bothwell, et voulut s'élancer sur lui.

Mais il était garrotté, et il n'avait plus son poignard.

—Où désirez-vous qu'on le conduise? demanda lord Bothwell.

—Au château de Dunbar, répondit la reine.

Puis, la pitié se faisant jour de nouveau dans son cœur, elle ajouta:

—Si je lui faisais grâce?

Hector frissonna; Bothwell pâlit.

—Y pensez-vous, madame? murmura Bothwell.

—Il est si jeune...

—C'est l'assassin du roi.

La reine tremblait et redevenait femme.

—Madame, lui dit Hector fièrement, je vous ai dit la vérité, vous n'avez point voulu me croire. Je voulais vous sauver, vous êtes sourde! Il faut que je meure, maintenant, car mon sang est nécessaire à votre honneur, et fermera la bouche à ceux qui vous ont calomniée. Madame, je ne vous demande ni pardon, ni pitié, mais regardez bien cet homme...

Et Hector désigna Bothwell du regard.

—Cet homme est un lâche et un assassin! poursuivit-il; cet homme dit vous aimer...

—Taisez-vous! dit impérieusement la reine.

Et la pitié s'en alla une fois encore, son cœur se ferma.

Elle lui tourna le dos et dit à Bothwell:

—Donnez-moi votre bras et appelez mes femmes.

—Montez à cheval! ordonna Bothwell aux gardes, et conduisez sur l'heure ce prisonnier au château de Dunbar. Cet homme est l'assassin du roi, vous en répondez sur votre tête.

La reine s'appuya sur le bras de Bothwell et fit un geste.

A ce geste les gardes entraînèrent Hector qui les suivit sans résistance, murmurant avec désespoir:

—Elle ne me croit pas! elle ne me croit pas!

—Milord, dit la reine a Bothwell, vous m'avez fait ce soir d'étranges aveux...

—Sincères, madame.

—Je veux le croire, mais il faut vous éloigner.

—Partir?

Et Bothwell eut un accent de douleur dans la voix.

—Il le faut.

—Vous voyez bien que j'avais raison, tout à l'heure, quand je voulais m'exiler moi-même. C'est vous, maintenant, qui m'éloignez.

—Allez prendre le commandement des troupes qui sont aux frontières.

—Je m'y ferai tuer, madame.

—Vous ne le ferez pas...

—Pourquoi exigez-vous que je vive?

—Parce qu'on ne meurt pas d'amour.

—Quand on espère, peut-être...

—Eh bien!...

La reine hésita.

—Eh bien? demanda Bothwell.

—Espérez! murmura-t-elle, et partez!

La reine abandonna le bras du lord, et comme si elle eût regretté le mot fatal qui lui échappait, elle s'enfuit.

Bothwell demeura seul, ivre, fasciné, la tête en feu.

Il porta alternativement la main à son front et à son cœur—à son cœur qui éclatait, à son front qui brûlait—et il s'écria enfin, après un moment de silence:

—Le trône est à moi!

CHAPITRE DIXIÈME
X

Le château de Dunbar dressait ses tours crénelées et ses épaisses murailles sur une falaise escarpée qui dominait la mer.

Ses souterrains, immenses et mystérieuses catacombes, sombres cachots perdus sous le sol, s'étendaient jusqu'à la mer et se trouvaient situés au-dessous de son niveau, si bien que, lorsque la mer était grosse, le vent poussait le flot contre les parois de la falaise avec une force telle que ses éclaboussures jaillissaient jusqu'aux étroites meurtrières qui ajouraient les cachots et retombaient sur les prisonniers en pluie glacée.

Ce fut là qu'on conduisit Hector, là qu'il fut enfermé, quelques heures après avoir quitté la reine.

Son nouveau cachot était moins obscur et plus large que le premier, le grand jour y pénétrait assez franchement par en haut; mais il était plus humide encore, et, le jour où il y entra, la mer était mauvaise et y pénétrait goutte à goutte.

Il en entendait distinctement les clapotements sourds et les mugissements,—et cette voix gigantesque, qu'il reconnut tout d'abord, parvint, pendant quelques heures, à lui faire oublier sa position misérable pour lui rappeler ses souvenirs d'enfance, sa jeunesse, puis la tour de Penn-Oll, revue il y avait quelques jours à peine, et son père... et ses frères...

Ses frères!...

Henry franchirait-il assez vite l'espace pour qu'ils arrivassent à temps, pour qu'il pût les voir avant son supplice, et leur recommander la reine, que lui-même n'avait pu sauver?

Il était brisé de fatigue, la faim lui donnait le vertige; il s'endormit avant la nuit.

Le lendemain il s'éveilla aux premières clartés qui lui arrivaient du ciel par sa meurtrière.

Le sommeil avait assoupi sa faim et réconforté son corps.

Son esprit était plus libre, il pouvait réfléchir.

Il réfléchit, il songea avec délices aux quelques mots de pitié échappés à la reine; il se prit à songer que s'il la pouvait voir encore, peut-être finirait-il par la convaincre.

La voir!

Ces deux mots absorbèrent la pensée du prisonnier et l'occupèrent tout entier.

La voir! une dernière fois, une seule, et puis mourir: c'était tout ce qu'il demandait. Mais comment la voir?

Un homme lui apporta à manger.

Il voulut lui parler, cet homme lui imposa silence d'un geste, et se retira sans avoir prononcé un seul mot.

Alors il se souvint de Douglas qui lui avait offert la vie, de Douglas qui l'aimait et voulait le sauver... qui, sans doute, apprendrait bientôt que Bothwell n'était pas mort, que lui, Hector, était enfermé, et qui mettrait tout en œuvre pour le délivrer.

Une fois libre, il irait à Bothwell malgré son rang, ses grades, malgré mille obstacles; il ne s'abaisserait plus jusqu'à vouloir donner des explications et des conseils, il frapperait...

Un coup de poignard sauverait bien mieux la reine que ces avertissements stériles qu'elle n'avait point voulu écouter.

Et il espéra en Douglas, et il demeura toute la journée sous la meurtrière, écoutant rugir la mer, et prêtant l'oreille au moindre bruit étranger. Nul ne vint... la nuit tomba, le jour s'éteignit.

Il s'étendit sur la paille humide de son cachot et appela le sommeil.

Le sommeil fut lent à venir.

Le lendemain il s'éveilla plein d'espoir; son espoir se continua toute la journée; puis, la journée finie, il se dit avec résignation:

—Ce sera demain.

Le lendemain s'écoula sans qu'il eût vu d'autre être humain que le geôlier qui lui apportait à manger.

Et plusieurs journées s'écoulèrent ainsi, et pendant ces longues journées il n'entendit d'autre voix que le murmure menaçant de la mer clapotant au-dessus de sa tête.

Alors la lassitude commença à le prendre, la patience lui échappa, l'espoir s'évanouit... et ce délire affreux qui s'empare des prisonniers quand ils ont enfin brisé la coupe vide de l'espérance, étreignit sa pensée et le jeta dans un monde fiévreux et fantastique, d'où il ne sortait à demi que pour prononcer les noms de Douglas, de Bothwell et de la reine.

Parfois il avait un moment de calme, et alors il regardait avec effroi les murs de sa prison qui semblaient l'étouffer; il trouvait sa situation effrayante, et il demandait la mort.

Un jour il dit à son geôlier:

—Vous savez que je suis condamné à mort?

—Oui, fit le geôlier d'un signe.

—Quand dressera-t-on mon échafaud?

Le geôlier fit un mouvement d'épaules qui signifiait:

—Je ne sais pas!

—Le bourreau! le bourreau! s'écria-t-il, qu'on me livre au bourreau! je veux mourir!

Le geôlier eut un sourire de pitié et s'en alla. Hector, demeuré seul, retomba dans son délire.

Enfin, le quatorzième jour de sa captivité, tandis que l'œil hagard, le cou tendu, il écoutait avec l'indifférence stupide de l'idiotisme les sanglots de la mer, exposant son front à cette pluie d'écume que le flot lui jetait en se brisant aux murs de sa prison, il crut entendre un bruit, une voix plus aiguë, plus nette que celle de la mer, et, à ce bruit, à cette voix, la raison lui revint et il écouta.

Il écouta longtemps, dix minutes peut-être... Rien!

La voix s'était éteinte!

Il écouta encore, haletant, immobile...

La mer seule lançait au ciel brumeux ses rugueuses imprécations.

Alors il se laissa tomber sur sa couche de paille, il étreignit son front dans ses mains et se prit à pleurer.

Les prisonniers redeviennent enfants.

Mais tout à coup le même bruit se fit, la même voix aigre retentit dans l'éloignement, et cette voix prononça un nom:

—Hector!

Et, à ce nom, le captif bondit sur ses pieds et courut à la meurtrière.

La meurtrière était à dix pieds du sol; le mur était poli par l'humidité;— mais Hector retrouva des forces. Hector enfonça ses ongles dans le mur; Hector se hissa avec des efforts inouïs jusqu'aux épais barreaux qui fermaient sa prison; il s'y cramponna de toute la force de ses ongles saignants et de ses doigts brisés, et, dressant enfin la tête à la hauteur de la meurtrière, il plongea sur la mer un œil enflammé.

A cent brasses du soupirail, une barque louvoyait et courait des bordées sous les murs du château.

Il était presque nuit, et un brouillard épais couronnait le rocher qui servait de base à la forteresse.

La barque courait donc à la faveur de la double obscurité du brouillard et de la nuit, et un œil moins exercé aux ténèbres que l'œil d'un prisonnier ne l'eût certainement pas aperçue.

Un jeune homme tenait le gouvernail; ce jeune homme inspectait d'un œil ardent la base de la falaise et les soupiraux des cachots.

—Hector! répéta-t-il.

—Henry! répondit la voix délirante du prisonnier.

A ce nom deux ombres se dressèrent du fond de la barque, et ces deux ombres crièrent:

—Frère! nous voilà!

Hector se sentit défaillir, mais il appela à son aide le nom de la reine, et, à ce nom, ses doigts sanglants semblèrent vouloir s'incruster aux barreaux de la meurtrière.

Et, meurtri, saignant, il eut le courage d'attendre que la barque, courant toujours des bordées vers la plage, vînt effleurer enfin le roc et le soupirail.

Henry laissa tomber l'aviron et saisit à deux mains les grilles de fer de la meurtrière, servant ainsi d'amarre vivante à la barque.

Les deux frères tendirent alors leurs bras au captif; mais le captif était épuisé, ses mains crispées se desserrèrent, et il retomba sans force sur la terre humide de son cachot.

Henry tenait toujours les grilles et maintenait la barque immobile.

—Frère, dit alors Gaëtano à l'Espagnol don Paëz, faut-il attendre encore? faut-il le sauver sur l'heure?

Don Paëz parut réfléchir:

—Le brouillard est épais, murmura-t-il, à l'œuvre!

Gaëtano se baissa, saisit au fond de la barque une lime énorme et entama l'un des barreaux.

Le fer grinça sur le fer; pendant quelques minutes, on entendit une sorte de sifflement aigu qui domina la voix sourde des flots, puis ce sifflement s'éteignit... le barreau était scié.

—Frère! frère! répéta Gaëtano en se penchant à l'ouverture du cachot, courage! Nous sommes là, nous allons te rendre la liberté et la vie.

Un gémissement étouffé répondit seul à la voix de Gaëtano.

Alors don Paëz n'hésita plus, il s'élança, gagna l'entablement du soupirail, et, se glissant, non sans peine, à travers l'étroite ouverture ménagée par le barreau scié, il se laissa couler dans le cachot.

Hector était sur ses genoux, mourant, hors d'haleine, faisant de vains efforts pour se lever, pour se hisser une fois encore vers les grilles où se tendaient les mains libératrices, et ne le pouvant plus.

Don Paëz le prit dans ses bras robustes, l'y pressa longtemps, puis le souleva et appela: Frère! frère!

Un sourire d'espoir passa sur les lèvres d'Hector, qui murmura:

—Je la reverrai donc!

—Frère! appela de nouveau don Paëz, s'adressant à Gaëtano qu'il avait laissé dans la barque et qu'il s'attendait à voir paraître à l'orifice du soupirail pour lui venir en aide, frère!

Nul ne répondit d'abord, puis un faible cri se fit entendre et parut s'éloigner.

Ce cri disait:

—Silence! silence! silence!

Don Paëz s'élança, comme l'avait fait Hector naguères; il se cramponna aux barreaux que la lime n'avait point entamés... il regarda... plus rien!

La barque, Henry, Gaëtano,—c'est-à-dire le salut, la liberté, l'espérance—venaient de disparaître et de se perdre dans le brouillard. A peine, au travers des brumes, apercevait-on un point sombre qui s'éloignait, s'effaçant à mesure; ce point sombre, c'était la barque.

Don Paëz eut un mouvement de rage; il ne comprit pas d'abord, et il demeura à son poste d'observation, étreignant les grilles de ses doigts ensanglantés et paraissant chercher le mot de cette énigme.

La barque s'éloignait toujours. Don Paëz, épuisé comme l'était Hector, se laissa retomber au fond du cachot.

Tout à coup, traversant l'espace, une chanson lui arriva par lambeaux; c'était une barcarole napolitaine dont voici la traduction:

Du soir jusqu'à l'aube nouvelle
Au faîte de la vieille tour,
Veille l'austère sentinelle
Dont l'œil dans la nuit étincelle,
Et qui défend,—barque ou nacelle,
Qu'aucun esquif n'aborde avant le point du jour!

—C'est la voix de Gaëtano, s'écria don Paëz, remontant de nouveau à la meurtrière.

La barque avait disparu dans l'éloignement, et un silence profond suivit ce premier couplet.

—Mon Dieu! mon Dieu! murmura don Paëz, qu'est-il donc arrivé? Serions-nous trahis? Nous aurait-on découverts?

La même voix reprit aussitôt, quoique plus éloignée:

Mais la sentinelle, épuisée,
En est à sa troisième nuit,—
Prisonniers, dont l'âme est brisée,
Avant que tombe la rosée,
Avant que d'une aile lassée
La nuit cède la place au jour prochain qui luit.

Et comme don Paëz écoutait, haletant, la voix qui s'affaiblissait de plus en plus dans l'espace continua sans s'interrompre:

La sentinelle austère
Fermera la paupière,
Folle sécurité!
Prisonniers, ayez bon courage....
La dernière heure d'esclavage
Est l'aube de la liberté!

—Mordieu! murmura don Paëz; par saint Jacques de Compostelle! il paraît que les sentinelles ont aperçu la barque.

—Ah! fit Hector avec insouciance, brisé qu'il était par tant d'émotions.

Don Paëz vint à lui, le prit dans ses bras, considéra, à la faible clarté du jour qui tombait de la meurtrière, son visage hâve et amaigri, ses yeux étincelants de fièvre, et il lui dit avec une tristesse profonde:

—Tu l'aimes donc beaucoup! tu as donc bien souffert?

Hector tressaillit et regarda son frère:

—Je souffre horriblement, murmura-t-il.

—Frère, continua don Paëz, Henry nous a tout dit... Gaëtano et moi, nous sommes accourus tous deux, moi de Madrid, lui de Naples... Quant à Gontran, il n'a pu le trouver, mais il viendra s'il te sait en péril.

—Dieu le veuille! murmura Hector. Il est bien tard déjà!

—En effet, dit don Paëz, il est bien tard!

Hector frissonna.

—Que veux-tu dire? fit-il, sais-tu quelque chose? parle! parle, frère!

—Frère, dit don Paëz, as-tu bien du courage?

—Parle! s'écria Hector, tu me fais mourir.

—Mon Dieu! murmura don Paëz tout ému, je ne voudrais pas te tuer, pauvre enfant...

Don Paëz avait à son flanc une gourde de marasquin, Hector l'aperçut, s'en saisit avidement et en avala aussitôt plusieurs gorgées.

—Tiens, dit-il, l'œil enflammé, j'ai repris des forces; maintenant, parle, te dis-je!

—Eh bien! fit don Paëz tout bas, la reine aime Bothwell... et elle l'épousera...

Hector arracha l'épée qui pendait à la ceinture de don Paëz et l'appuya sur sa poitrine.

—Ne dis pas cela, s'écria-t-il, ne dis pas cela, ou je me tue!

—Fou! dit l'Espagnol en lui arrachant l'épée. Rien n'est perdu encore!

—Mon Dieu! s'écria Hector, donnez-moi une heure de liberté, mettez-moi un glaive au poing, permettez que je fouille la poitrine de cet homme pour en arracher son cœur, et puis laissez-moi subir le dernier des supplices, la roue ou la potence, que m'importe!

Et comme don Paëz se taisait, il reprit avec exaltation:

—Mais l'Écosse est donc un pays de félons et de traîtres, un royaume sans sujets, sans noblesse? Les grands feudataires de la couronne sont donc vendus à l'infâme, qu'ils n'élèvent la voix et ne tirent l'épée pour empêcher un tel attentat?

—La noblesse ignore tout encore. Le mariage de la reine d'Écosse avec lord Bothwell sera le résultat d'un complot.

—Et... ce complot?... demanda Hector, dont la voix tremblait de fureur.

—Je le connais, nous le connaissons tous trois.

—Mon Dieu! mon Dieu! tu me fais mourir, parle donc!

Don Paëz fit asseoir son frère sur la paille de son grabat, et le priant d'un signe de ne point l'interrompre:

—Écoute, dit-il: Nous sommes arrivés hier soir à Dunbar. Il était presque nuit quand nous avons aperçu dans le lointain les flèches des tourelles et le beffroi de la vieille forteresse. Il était trop tard pour que nous puissions prendre les mesures nécessaires à ta délivrance et savoir où tu étais enfermé, il ne l'était point assez pour oser entrer dans la ville. Une forêt était au bord de la route, nous nous sommes enfoncés dans la forêt; un filet de fumée tremblottait au dessus des arbres, indiquant une hutte de bûcherons,— nous avons gagné cette hutte et demandé l'hospitalité pour la nuit:

—Messeigneurs, nous a répondu le bûcheron, si vous avez soif et faim, voici un pot de vieille ale et un cuissot de venaison; buvez et mangez... Mais quant à coucher ici, c'est impossible!

—Et pourquoi? maroufle!

—Parce que je n'ai qu'un lit.

—Eh bien! nous dormirons sur le sol, pliés dans nos manteaux et les pieds tournés vers le feu.

—Impossible encore, messeigneurs, reprit le bûcheron: je suis un pauvre diable à qui le sort rend la vie dure; une occasion se présente pour moi de faire fortune, ne me l'enlevez pas. Dunbar est proche, vos chevaux ont le jarret solide, poussez jusqu'à Dunbar.

—Tu attends donc quelqu'un ici?

—Chut! ceci n'est pas mon secret.

—C'est possible, dit Gaëtano qui fronça le sourcil soudain; mais, à coup sûr, ce sera le nôtre.

Et comme le bûcheron le regardait étonné, il tira son épée qui étincela d'un fauve reflet à la lueur du foyer.

Le pauvre diable fit un pas en arrière, Gaëtano un pas en avant.

—Grâce! exclama le bûcheron avec terreur.

—Parle! dit Gaëtano avec autorité.

—Ce n'est pas mon secret: grâce! monseigneur.

Gaëtano appuya légèrement et piqua la gorge du bûcheron, qui poussa un cri de douleur:

—Je parlerai, dit-il.

—Parle donc! mécréant.

—Eh bien! messeigneurs, il y a à Dunbar un riche seigneur, et à Glascow une grande dame... Le riche seigneur et la grande dame s'aiment, mais il paraît qu'il y a des empêchements à leur amour, car...

Le bûcheron hésita. Gaëtano fronça le sourcil, et il continua:

—Ils se donnent rendez-vous ici... la nuit...

—Hum! fit Gaëtano, quel est ce riche seigneur?

—Je ne sais pas son nom.

—Et sais-tu quelle est cette grande dame?

—Pas davantage!

—Sont-ils venus déjà?

—Oui, monseigneur, deux fois.

—Et ils viendront cette nuit?

—Oui, monseigneur.

—Eh bien! puisque tu ne sais pas leurs noms, nous les saurons, nous...

Le bûcheron frissonna:

—Car nous resterons ici et nous les verrons.

Le bûcheron tomba à genoux:

—Que vous ai-je donc fait, messeigneurs, supplia-t-il, les mains jointes, que vous me vouliez ainsi ruiner?...

—Nous ne voulons pas te ruiner.

—Que vous vouliez causer ma mort?... C'est un puissant seigneur qui me fera pendre comme un chien.

—Il ne saura rien; et nous ne voulons point ta mort.

—Mais... si vous restez ici...

—Nous nous cacherons. Sois tranquille.

Le bûcheron jeta un coup d'œil rapide autour de lui. La hutte était très petite; elle n'avait qu'un étage. Dans un coin, attaché à un méchant râtelier, un cheval sommeillait sur sa longe; dans le coin opposé se trouvait un monceau de litière:

—Nous nous cacherons là, dit Gaëtano.

—Vous n'y pourrez tenir tous trois.

—L'un de nous s'y placera; les deux autres s'en iront.

—Mon Dieu! mon Dieu! murmura le bûcheron tremblant, je suis un homme perdu.

—Tais-toi donc, imbécile! tu feras ta fortune double, car nous te paierons largement.

L'œil du paysan s'alluma de convoitise.

—Dites-vous bien vrai? demanda-t-il.

Je lui jetai ma bourse pleine d'or, il s'en saisit, et nous dit:

—Qu'il soit donc fait comme vous le désirez.

—A quelle heure viendront-ils?

—A onze heures.

—Et quelle heure est-il maintenant?

Le paysan franchit le seuil de sa cabane, interrogea les étoiles qui scintillaient à travers le ciel brumeux et répondit: il en est dix environ.

—Alors, ajouta Gaëtano, il n'y a pas de temps à perdre. Toi, don Paëz, vous Henry, vous allez gagner un fourré, vous emmènerez mon cheval, et si je pousse un cri, si j'appelle et demande aide et secours, vous arriverez.

—Frère, dis-je à Gaëtano, nous ferions beaucoup mieux de gagner le fourré tous trois et d'y attendre le jour. Que nous importent les amours d'un gentilhomme et de sa maîtresse?

—J'ai un pressentiment, répondit-il d'une voix profonde.

Nous lui obéîmes, emmenant les trois chevaux que nous attachâmes dans le bois; puis, nous revînmes, en rampant, nous blottir dans une broussaille, à dix pas de la hutte.

Pendant ce temps, Gaëtano, avant de s'enfouir dans le monceau de litière, avait dit au bûcheron:

—J'ai l'œil sur toi, au moindre geste équivoque, au moindre signe de trahison, malheur à toi!

—Vous m'avez payé, dit le bûcheron, j'ai touché le prix du silence, je serai honnête.

Quelques minutes après, le pas d'un cheval se fit entendre sous le couvert et vint s'éteindre au seuil de la hutte; le bûcheron ouvrit sa porte.

Un homme entra enveloppé dans son manteau, et le visage soigneusement caché sous les larges bords de son feutre; il jeta la bride au bûcheron qui plaça le cheval près du sien, et, sans prononcer un mot, il s'assit près du feu sur un escabeau, approcha ses jambes engourdies des tisons brûlants et parut attendre avec impatience.

Presque au même instant un autre piétinement de cheval retentit, un étalon s'arrêta sur le seuil, une amazone mit pied à terre et entra.

Un grand voile tombait sur son visage et le dissimulait entièrement.

Le cavalier se leva vivement, alla à sa rencontre, lui prit respectueusement la main et la baisa.

Puis il montra la porte au bûcheron: Va-t'en, lui dit-il.

Le bûcheron sortit.

—Merci, madame, merci d'être venue! murmura-t-il avec émotion.

—Milord, dit la dame d'une voix tremblante, c'est, je le crains, notre dernière entrevue.

—Que dites-vous, madame?

—Je dis, milord, qu'il vous faut renoncer à me voir...

Le cavalier tressaillit.

—C'est-à-dire, murmura-t-il, que je dois appuyer un pistolet sur mon front...

—Vous êtes fou! dit-elle avec émotion.

—Ou un poignard sur mon cœur, continua-t-il, et mourir.

—Vous ne le ferez pas! Je vous le défends!

—Je le ferai, madame, car je vous aime.

—Et moi, fit-elle frémissante, je ne puis...

—Vous ne pouvez?

—Non, milord; car il m'est impossible de vous accorder ma main.

—Qui s'y oppose donc, madame?

—La noblesse entière de mon royaume.

Gaëtano tressaillit; il venait de reconnaître la reine d'Écosse.

—Ah! fit le cavalier avec un ricanement de colère, la noblesse s'y oppose... comme elle s'opposa, sans doute, à votre, union avec sir Henry Darnley?

—Oui, milord.

—Vous l'épousâtes, cependant...

La reine tressaillit et se troubla:

—Je l'aimais, murmura-t-elle.

Le cavalier attacha sur elle un regard perçant...

La reine baissa la tête.

Il lui prit la main, la main de la reine tremblait.

—Madame, dit-il d'une voix humble et suppliante, ne refusez pas une dernière grâce à un homme qui va mourir.

—Que voulez-vous? demanda la reine frissonnante.

—Madame, reprit-il d'une voix qu'étranglait l'émotion, votre front si pur rougit, votre main tremble dans la mienne, votre cœur bat à mon oreille...

—Eh bien? demanda la reine qui chancelait.

—Ce front qui rougit, madame, cette main qui tremble, ce cœur qui bat, me révèlent un secret.

—Que voulez-vous dire, milord?

—Je veux dire que vous m'aimez, madame. Tenez, je vais mourir... par pitié! laissez-moi emporter l'aveu de votre amour dans l'éternité... Dites-moi que vous m'aimez!...

—Je vous aime... murmura la reine d'une voix éteinte.

—Ah! s'écria le cavalier se redressant et changeant soudain de ton, vous avouez que vous m'aimez et vous me refusez votre main? Vous me la refusez, à moi, lord Bothwell, duc d'Orkney, quand vous l'avez accordée jadis, malgré vos pairs, malgré votre noblesse, malgré les Guises vos oncles et les princes de France, vos beaux-frères, à sir Henry Darnley?

—On ne brave point l'opinion deux fois, balbutia la reine.

—Eh bien! madame, je triompherai de l'opinion, je la braverai, moi, et nul ne pourra ni vous accuser ni vous blâmer.

—Je ne vous comprends plus, milord.

Le cavalier se pencha à l'oreille de la reine.

—Je vous enlèverai, fit-il tout bas.

La reine tressaillit:

—Vous ne l'oseriez pas! s'écria-t-elle.

—J'oserai tout.

—Mais ce serait infâme!

—Non, puisque vous m'aimez.

Elle se prit à frissonner.

—Que dira l'Europe? murmura-t-elle.

—L'Europe, répondit tranquillement le cavalier, l'Europe dira qu'une reine est femme, et qu'une femme compromise dans son honneur doit lui sacrifier de mesquins intérêts.

La reine était rêveuse et ne répondit pas.

Alors il prit à Gaëtano une furieuse tentation de casser la tête à ce misérable; il appuya le doigt sur la détente de son arme, il éleva le canon à la hauteur du front du cavalier.

En ce moment, Hector qui avait écouté patiemment le récit de son frère, l'interrompit brusquement:

—Et il fit feu, n'est-ce pas? s'écria-t-il.

—Non, répondit don Paëz.

—Oh! vociféra Hector, pourquoi donc?

—Parce que la reine était là, parce qu'il s'arrêta et trembla à la pensée de commettre un meurtre sous les yeux d'une reine.

—Fatalité! exclama Hector anéanti.

CHAPITRE ONZIÈME
XI

—Quand la reine eut entendu ces brutales paroles, poursuivit don Paëz, quand elle eut baissé la tête et gardé un silence plein d'irrésolution et de honte, le cavalier parut comprendre qu'il devait se contenter de cet aveu tacite. Il se leva donc et lui dit en s'inclinant:

—Adieu, madame... au revoir, plutôt.

La reine fit un mouvement, se leva à demi, et peut-être allait-elle encore résister...

Il ne lui en laissa pas le temps, il s'inclina une fois de plus et sortit précipitamment, demandant son cheval au bûcheron.

La reine demeura auprès du foyer, absorbée dans une méditation pénible, remplie d'incertitude et de terreur. Gaëtano était toujours à son poste d'observation, et il eût bien voulu suivre le cavalier qui venait de sauter en selle, si, pour cela, il n'eût fallu sortir de sa retraite improvisée et faire jeter un cri à la reine.

Henry et moi nous nous étions traînés presque au seuil de la hutte; et si nous n'avions point vu le visage du cavalier, si nous n'avions pu surprendre son entretien avec la femme arrivée après lui, du moins soupçonnions-nous une partie de la vérité.

Au moment où il monta à cheval, nous étions à deux pas, dans une broussaille.

Nous ne vîmes point son visage, mais, à sa tournure, Henry tressaillit et murmura:

—Dieu! quel soupçon!...

L'inconnu poussa son cheval et s'éloigna au trot.

Nous le suivîmes en rampant; une coulée d'arbousiers nous protégea bientôt. Alors nous ne rampâmes plus, et nous mîmes à courir.

Il avait toujours sur nous une avance de trente pas. Tout à coup nous rencontrâmes une couche de feuilles sèches qui crièrent sous nos pieds et nous trahirent. Soudain il fit volte-face:

—Qui va là? cria-t-il.

Nous nous étions arrêtés et demeurions immobiles. A tout hasard, il tira un pistolet de ses fontes et fit feu dans notre direction.

La balle siffla au-dessus de nos têtes; mais à la lueur instantanée de la poudre, s'allumant dans les ténèbres, nous aperçûmes enfin son visage et Henry jeta un cri: Bothwell!

Cette exclamation lui parvint, sans doute, car il enfonça l'éperon au flanc de son cheval et le mit au galop.

—Feu! feu! me cria Henry, l'ajustant lui-même.

Quatre coups partirent; mais le cheval continua de faire retentir le sol sous ses ongles de fer et le cavalier répondit à notre décharge par un ricanement.

Presqu'au même instant Gaëtano nous rejoignit:

—L'avez-vous tué? nous demanda-t-il.

—Non, il était trop loin.

—Le connaissez-vous?

—Oui, c'est Bothwell, répondit Henry.

—Eh bien! continua Gaëtano, cette femme qui était avec lui... c'était la reine.

—Je m'en doutais, murmura Henry, elle l'aime.

—Et il doit l'enlever.

—Malédiction! et quand, où, comment?

—Je ne sais pas, il ne l'a pas dit.

—Et... fit Henry tremblant de fureur, elle y consent?

—Oui.

—Oh! cela ne sera point. Je vais courir après elle, je vais...

—Trop tard, répondit Gaëtano, elle est partie.

—Nous allons la poursuivre!

—Et Hector? m'écriai-je, Hector qu'attend l'échafaud, l'abandonnerons-nous?

—C'est juste, dit Henry en baissant la tête, tout pour Hector.

Un ouragan de fureur passa dans la gorge d'Hector, qui, les cheveux hérissés, la sueur au front, écoutait ce dramatique récit:

—Ô triples fous que vous êtes! s'écria-t-il, fous stupides! Eh! que me faisait la vie, que m'importait l'échafaud? C'était après elle qu'il fallait courir; c'était après Bothwell. C'était...

La fureur d'Hector triompha de sa faiblesse:

—Frère, dit-il, frère, je veux sortir!

—Tu sortiras, je te le promets.

—Tout de suite, frère!

—Insensé! murmura don Paëz, la barque où Henry et Gaëtano nous attendent vient de s'éloigner pour ne point éveiller les soupçons des sentinelles... il faut attendre son retour...

—Mais quand reviendra-t-elle, mon Dieu?

—A la nuit.

Hector retrouva toute son agilité première. Il bondit vers la meurtrière, plongea son regard dans le brouillard qui étreignait l'Océan et retomba découragé.

—La nuit est loin, dit-il.

—Patience, frère; elle viendra.

—Oui, murmura-t-il, et pendant ce temps, peut-être, le lâche accomplit son forfait...

Don Paëz frappa du pied avec impatience et ne répondit pas.

—Frère, continua Hector, ne pourrions-nous nous sauver par cette meurtrière?

—La mer est là.

—Ne pourrions-nous gagner une côte à la nage?

—Les sentinelles veillent.

—Frère, l'incertitude et l'angoisse me tuent!

—Frère, répondit don Paëz avec calme, la sagesse humaine est dans un seul mot: Attendre!

—Attendre! attendre! exclama Hector, mais pendant que nous attendons, pendant que j'attends, le misérable accomplit peut-être son crime.

Don Paëz parut réfléchir:

—Je ne crois pas, dit-il; il est peu probable, il est même impossible que Bothwell ait déjà exécuté son plan... Son plan... peut-être n'en a-t-il pas encore? La reine est rentrée à Glascow ce matin seulement. Elle sera fatiguée, elle ne sortira point aujourd'hui.

—Puisses-tu dire vrai! s'écria Hector.

Don Paëz retourna sous la meurtrière. Le jour baissait; le rayon lumineux qui tombait d'aplomb sur la paille du cachot s'affaiblissait graduellement.

—Patience! dit-il, la nuit vient.

La nuit vint en effet, quoique bien lentement au gré des vœux d'Hector.

Le rayon s'éteignit, l'obscurité descendit, opaque, dans la prison.

Alors les deux frères se prirent à écouter la grande voix de la mer qui rugissait sur leurs têtes; ils écoutèrent, anxieux, espérant à chaque minute entendre un cri, un lambeau de chanson, une voix quelconque qui leur révélât la présence de la barque libératrice sous les créneaux de la forteresse...

Mais rien ne leur arriva, rien que les colères saccadées ou les plaintes monotones du flot déferlant sur le roc, rien que les flocons d'écume jaillissant par la meurtrière et glaçant leurs chevelures ruisselantes. Don Paëz commençait à s'impatienter, il trouvait que l'heure marchait trop vite, que la nuit abrégeait son cours avec une rapidité désespérante.

Quant à Hector, il semblait que la prostration qui le dominait entièrement naguère, s'était de nouveau emparée de lui.

Il était là, muet, immobile, son front dans ses mains, les yeux fermés, semblant achever quelque rêve confus et brumeux, évoquer quelque lointain souvenir à demi effacé déjà.

Don Paëz s'élança de nouveau vers la meurtrière.

La nuit était obscure, mais les brouillards s'étaient levés peu à peu, et la lueur phosphorescente qui tremblottait à la cime floconneuse des vagues, eût jeté assez d'éclat pour trahir, aux yeux perçants des sentinelles, la présence d'un homme ou d'une embarcation à la mer. Il était impossible que Henry et Gaëtano osassent se risquer avant une heure avancée de la nuit dans les parages des casemates.

Don Paëz quitta la meurtrière découragé, mais domptant son émotion et ne voulant point accabler de son désespoir son frère si fort abattu déjà.

Tout à coup l'Espagnol frissonna.

Un bruit de pas se faisait entendre au-dessus de sa tête et semblait provenir d'un escalier tournant creusé dans l'épaisseur du roc, lequel reliait le cachot à la plate-forme de la forteresse.

Venir, à cette heure de la nuit, visiter un prisonnier dans son cachot, était chose de sinistre augure.

Don Paëz prêta l'oreille et porta instinctivement la main à la garde de son épée.

Les pas approchaient et devenaient plus distincts... Quelques instants après ils retentirent à la porte, dont les verrous crièrent bientôt sur leurs anneaux.

Don Paëz regarda rapidement autour de lui et chercha un lieu de refuge, une retraite quelconque où il pût dissimuler sa présence.

Malgré la rigueur avec laquelle le prisonnier était traité, on lui avait laissé son manteau, et la paille de son grabat était abondante.

Don Paëz n'eut que le temps de se blottir dans cette paille et d'étendre le manteau sur lui.

Presque aussitôt la porte s'ouvrit et plusieurs hommes entrèrent.

C'était d'abord un homme vêtu de noir, tenant à la main un parchemin déroulé.

Puis deux soldats aux gardes de Sa Majesté paraissant servir d'escorte à cet homme.

Après eux, un autre personnage, également vêtu de noir, avec un livre à la main et un surplis blanc.

Enfin, un troisième, vêtu de rouge des pieds à la tête, comme les autres l'étaient de noir, morne et froid comme le Destin, silencieux comme la Fatalité.

Le premier de ces trois hommes était le greffier près les lits de haute-justice—le second, un prêtre—le troisième... le bourreau.

CHAPITRE DOUZIÈME
XII

Le greffier entra le premier, appela trois fois le prisonnier par son nom, et Hector s'étant levé, il lui lut l'arrêt qui le condamnait à la peine de mort, et ordonnait qu'il marcherait au supplice et monterait les degrés de l'échafaud la tête couverte d'un voile noir.

Hector écouta froidement le greffier, puis, quand il eut fini:

—Je connaissais ma sentence, lui dit-il, à quoi bon cette lecture?

—Parce que, répondit le greffier, il est d'usage de procéder ainsi le jour de l'exécution.

Hector frissonna; don Paëz étreignit dans sa main convulsive la poignée de son épée.

—Et ce jour?... demanda Hector.

—Est venu, répondit le greffier en baissant la tête.

Et il s'effaça devant le prêtre qui s'avança un crucifix à la main.

Hector ne craignait pas la mort, mais il voulait le salut de la reine. Il avait donné sa tête pour elle, et cette tête ne pouvait tomber inutilement.

Un accès de fureur le prit et il s'écria:

—Je ne veux pas mourir!

Le greffier haussa les épaules et ne répondit pas. Mais un des gardes, demeuré jusque-là dans l'ombre, dit d'une voix dure:

—Il n'y a pas de grâce pour les régicides!

Hector recula stupéfait, don Paëz tressaillit sous son manteau... Cette voix qui parlait de sentence inexorable, c'était celle d'Henry.

Et pour qu'ils n'en pussent douter, Henry fit un pas en avant et se trouva dans le cercle de lumière décrit par la torche du greffier.

Son visage était calme, un imperceptible sourire démentait le ton dur de ses paroles.

Hector comprit qu'Henry était là pour le sauver. L'espoir revint à son cœur et il murmura avec résignation:

—Que la volonté de Dieu s'accomplisse!

En ce moment le greffier ajouta:

—Lord Bothwell, duc d'Orkney et régent du royaume d'Écosse, m'a chargé d'annoncer au condamné que s'il avait quelques révélations à faire avant de mourir, s'il avait des complices à nommer, il était prêt à l'entendre.

—Le lord est donc ici? exclama Hector avec un élan de joie auquel tous se méprirent, Henry et don Paëz exceptés.

—Oui, répondit Henry, et j'ai ordre de vous conduire en sa présence si vous voulez faire des aveux.

Hector parut réfléchir.

—Conduisez-moi, dit-il.

—Mon fils, dit le prêtre avec douceur, ne m'écouterez-vous pas d'abord, et mourrez-vous impénitent?

Hector interrogea Henry du regard. Henry hésita, mais il aperçut le manteau, il devina la présence de don Paëz, et il répondit au condamné par un signe de tête affirmatif.

—Mon père, murmura Hector, je suis prêt à vous faire ma confession.

—Attendez, dit Henry; à partir du moment où un condamné sait l'heure de son supplice, il ne faut plus le laisser seul. Je dois demeurer ici. Je me tiendrai à l'écart.

Le greffier sortit, puis l'autre garde, puis le bourreau.

La porte se referma sur eux; le prêtre et Henri demeurèrent seuls avec le condamné.

Le prêtre se mit à genoux et commença une prière.

Mais Henry l'interrompit:

—Assez, mon père, dit-il. C'est inutile.

Le prêtre se leva stupéfait.

Henry tira son épée et la lui porta tranquillement au visage.

Le prêtre recula et se trouva face à face avec don Paëz qui venait de rejeter le manteau et se dressait avec la calme lenteur d'un mort sortant à minuit de son sépulcre.

—Mon père, dit alors Henry, vous êtes de haute taille, vous avez une grande barbe brune, un large chapeau rabattu sur les yeux; si vous ramenez un pan de votre manteau sur l'épaule gauche, on n'apercevra presque plus votre visage.

—Eh bien? demanda le prêtre tremblant.

—Eh bien! ce cavalier que vous voyez là et dont naguère vous ne soupçonniez pas la présence, ce cavalier se nomme don Paëz. Il a comme vous la voix profonde et grave, comme vous il est de haute taille, comme vous il a la barbe brune.

Le prêtre regarda don Paëz et ne parut point comprendre.

—Or, poursuivit Henry, ce n'est point un sacrilége que nous voulons commettre. Nous n'avons nullement l'intention de vous manquer de respect, mon père; mais nous voulons sauver un innocent.

—Je comprends, murmura le prêtre.

—Vous allez donc changer d'habit avec don Paëz; il rabattra sur ses yeux votre large chapeau; il mettra votre surplis et il sortira avec nous tandis que vous resterez ici.

—Un mot? demanda le prêtre.

—Parlez, mon père.

—Jurez-moi sur ce Christ que le condamné est innocent, et j'obéis.

—Nous le jurons, répondirent Henry et don Paëz.

Le prêtre fit un signe d'assentiment, changea de vêtements avec don Paëz, se coucha, à son tour, sur la paille et dans le manteau.

Alors Henry heurta à la porte du pommeau de son épée; un guichetier accourut, suivi du second garde de la reine et Henry, reprenant son ton dur et rempli de dédain, dit:

—Marchons!

Don Paëz avait su prendre la tournure du prêtre et murmurait une prière, en fermant la marche.

Henry et le garde étaient placés, l'épée nue, aux côtés du condamné, le guichetier les précédait, une torche à la main.

Ils gravirent ainsi les cent marches humides et glissantes d'un étroit escalier, ils arrivèrent sur la plate-forme et passèrent au milieu d'une double haie de soldats des gardes, placés là pour intimider le condamné et lui enlever tout espoir de salut, toute chance d'évasion.

Hector était aimé parmi ses camarades des gardes. Tous le plaignaient, quelques-uns osaient murmurer tout bas qu'il était innocent;—le plus grand nombre prétendaient qu'il était atteint de folie, et qu'un accès de fièvre chaude avait seul pu le porter à l'exécution d'un pareil forfait.

Un morne silence accueillit son passage—un silence plein d'émotion, de tristesse, de sympathie. Quelques mains furtives se glissèrent même pour serrer la sienne.

Il remercia d'un regard et passa le front haut.

On le conduisit ainsi jusqu'à l'appartement occupé par lord Bothwell.

Cet appartement se composait de trois pièces—toutes trois ouvrant sur la plate-forme.

La première était une vaste salle où deux gardes veillaient nuit et jour; la seconde, la chambre à coucher du lord;—la troisième, une sorte de cabinet de travail où se tenait d'ordinaire un secrétaire toujours prêt à coucher sur le parchemin un ordre de son maître.

Ce fut dans la première pièce que s'arrêta le lugubre cortége.

—Attendez Sa Grâce, dit brusquement Henry au prisonnier.

Puis, passant près de lui sans affectation, il ajouta tout bas:

—Pas d'emportements, du calme, au contraire, nous te sauverons.

Hector s'assit sur un banc et attendit.

Le prêtre se plaça près de lui et feignit de l'entretenir.

Henry alla s'asseoir à distance, l'épée nue et l'œil sur le prisonnier.

Puis il se rapprocha de son compagnon, l'autre garde qui l'avait accompagné dans la prison et il lui dit:

—N'étiez-vous pas de garde cette nuit?

—De dix heures du soir à quatre heures du matin, mon gentilhomme.

—Ce qui fait que vous n'avez point dormi?

—Je tombe de lassitude, et si je trouvais un camarade qui voulût faire ma faction...

—Tope! dit Henry, j'ai votre homme.

—Un garde?

—Sans doute; un garde enrôlé d'aujourd'hui.

—Que vous nommez?

—Gaëtano; un Napolitain recommandé par la reine à lord Bothwell, et arrivé avec moi ce matin.

—Cordieu! murmura le garde en bâillant, s'il me veut remplacer ce soir, il me rendra un fameux service. A l'heure qu'il est, je donnerais toutes les maîtresses du monde pour le lit d'un bûcheron.

—Vous nous offrirez bien, en échange, demain, un pot d'ale anglaise?

—Dix bouteilles de vin du Guienne, au contraire! Mon oncle, le laird de Kirk-Will, vient de mourir, et j'hérite.

—Quel âge avait votre oncle?

—L'âge où un oncle bien élevé part pour l'autre monde.

Henry frappa sur la porte du pommeau de son épée.

—Holà! Gaëtano? cria-t-il.

Gaëtano, en costume de soldat aux gardes, quitta un moment ses nouveaux camarades au milieu desquels il pérorait, sur la plate-forme, avec sa verve toute méridionale, et accourut.

—Veux-tu monter la faction de monsieur?

—Hum! dit Gaëtano en faisant clapper sa langue, c'est selon...

—Dix bouteilles de vin de Guienne!

—*Pecaïre*! murmura l'Italien, tout de suite.

Le garde prit son mousquet, remit son épée au fourreau, salua, sortit et ferma la porte.

Alors Hector se trouva seul avec Henry, Gaëtano et don Paëz.

Henry alla vers la porte, colla son œil au trou de la serrure, puis revint à Hector et lui serra vigoureusement la main.

—Nous voici maîtres du terrain, murmura-t-il. A nous Bothwell!

CHAPITRE TREIZIÈME
XIII

Hector regarda ses deux frères et Henry avec un étonnement profond.

—Que signifie tout cela? demanda-t-il.

—Tout cela est fort simple, dit Henry à voix basse. Tu sais comment don Paëz est devenu ton aumônier. Il n'est pas très étonnant que l'on m'ait confié ta surveillance, à moi, qui suis garde du corps de la reine, puisque c'est ma compagnie qui fait le service intérieur du château.

—C'est là ce que je ne comprends pas bien.

—Attends donc. On avait aperçu notre barque du haut des remparts; l'éveil donné, il était plus que certain qu'une surveillance active serait exercée toute la nuit. Alors nous laissant aller à la dérive, nous avons disparu derrière un môle, jeté l'ancre dans une crique déserte, abandonné la barque et gagné la forêt où étaient demeurés nos chevaux. A la nuit tombante, nous avons fait notre entrée dans les murs du château, comme des voyageurs harassés qui viennent de loin. Alors encore, je suis allé seul trouver Bothwell et lui ai dit:

—Je suis soldat aux gardes et je reviens de congé; j'ai appris quel forfait avait enlevé à l'Écosse le meilleur des rois et j'ai soif de vengeance.

Et comme Bothwell ouvrait de grands yeux, j'ai ajouté: Mon père, que Dieu fasse paix à son âme! était attaché à la maison de Lenox, il était l'ami, presque le père du roi.

—Eh bien? m'a demandé Bothwell.

—Milord, ai-je répondu, j'ai, pour le meurtrier du roi, une haine si violente, que je voudrais lui pouvoir planter ma dague dans la gorge.

—Cela ne se peut, il mourra de la main du bourreau.

—Hélas! milord, je le sais; mais, au moins, vous ne me refuserez pas une grâce?—Ma compagnie fait le service du château; deux gardes escorteront le condamné au supplice; je demande à être l'un de ces deux gardes, et à son heure dernière,—puisse cette heure sonner bientôt!—je veux cracher à la face du régicide et le souffleter de ma main gantée!

Bothwell me regarda: j'avais imprimé à ma physionomie une expression de colère et de haine dont il fut frappé.

—Il en sera comme vous le désirez, me dit-il.

—Oh! merci, milord! merci, m'écriai-je avec l'accent de la joie.

—L'heure que vous attendez avec impatience, ajouta-t-il, est plus proche que vous ne croyez.

Je tressaillis, il n'y prit garde.

—Cette nuit même, poursuivit-il, le traître mourra du dernier supplice dans une cour intérieure du château.

J'avais eu le temps de dompter mon émotion, j'eus le courage de m'écrier: Dieu soit loué!

—Il est un vieil usage, continua Bothwell, un usage respecté dans le royaume d'Écosse, depuis les siècles les plus reculés: le condamné, aux approches de son supplice, demande un entretien, sans témoins, au gouverneur de sa prison ou au commandant de la citadelle dans laquelle il est enfermé, soit pour faire des révélations, soit pour implorer sa grâce. C'est son droit.

—Je connais cet usage, murmurai-je avec un frisson d'espérance.

—Or, poursuivit Bothwell, le condamné réclamera sans doute ce bénéfice et demandera à être introduit en ma présence. Descendez donc avec un de vos camarades et l'aumônier dans son cachot. Il se confessera, s'il le veut, et puis, vous me l'amènerez ici.

—Vous serez obéi, milord.

—Mais, ajouta encore Bothwell, ce n'est pas tout. Le condamné, accablé de stupeur devant ses juges, n'a pu trouver un mot pour les fléchir. Plus calme dans son cachot, il a employé un détestable moyen de défense, un moyen impie, s'il en fut...

—Quel est-il, milord?

—Ce malheureux aimait la reine, son amour l'a conduit à cet abominable forfait; la jalousie l'a poussé à en commettre un autre non moins grand: il m'a accusé de l'assassinat du roi.

Je fis un geste d'indignation.

—J'espère qu'il a renoncé à cette chance absurde de salut; cependant, comme il était aimé parmi ses camarades des gardes, peut-être, en passant parmi eux, espérera-t-il les soulever en sa faveur...

—Jamais! milord.

—N'importe! écoutez bien l'ordre que je vous donne; s'il prononce un mot, s'il jette un cri, s'il essaie de formuler une accusation...

Bothwell s'arrêta et me regarda:

—Je vous comprends, milord, répondis-je avec enthousiasme. Je le tuerai!

—C'est cela, dit Bothwell, allez!

Je fis un pas pour sortir; sur le seuil, je me retournai:

—Pardon, milord, lui dis-je; j'oubliais de remplir une mission. A une lieue de Dunbar, j'ai rencontré un cavalier italien qui venait de Naples en droite ligne, et portait des lettres de recommandation du roi des Deux-Siciles pour la reine d'Écosse. Il croyait la reine à Dunbar et désirait obtenir son incorporation dans les gardes.

—Très bien, où est-il?

—Dans vos antichambres, milord; il m'a prié de l'introduire auprès de vous.

—Appelez-le.

Gaëtano se présenta, et Bothwell signa sur-le-champ son admission aux gardes écossaises, sans éprouver la moindre défiance. Il lui proposa même de m'assister dans ma descente au cachot du condamné; je refusai, sous le spécieux prétexte que Gaëtano était las d'une longue route; mais, en réalité pour n'éveiller aucun soupçon dans l'esprit de Bothwell. Maintenant, acheva Henry, tu sais comment nous sommes ici.

—Oui, répondit Hector, et je commence à comprendre que si vous ne me sauvez pas, au moins vous m'aurez fourni l'occasion de poignarder Bothwell. Donne-moi ta dague, Henry.

Henry secoua la tête:

—C'est inutile, dit-il.

Il le prit par la main et le conduisit à la croisée. De la croisée on apercevait une cour; dans cette cour brillaient des torches. A la lueur de ces torches, une dizaine d'hommes commandés par l'homme rouge qu'Hector avait vu naguère entrer dans son cachot, étaient occupés à construire un échafaud.

—Vois-tu? dit Henry.

—Oui, c'est mon échafaud.

—Le condamné y doit monter à trois heures du matin.

—Eh bien?

—Eh bien! mon maître, fit Henry avec un ricanement sinistre, ce n'est point toi qui y monteras.

—Et qui donc? demanda Hector tressaillant.

—Le véritable meurtrier du roi, Bothwell!

—Tu es fou, Henry!

—Non, je suis hardi, voilà tout. C'est pour cela, frère, que tu ne poignarderas point Bothwell; c'est pour cela qu'il faut, à tout prix, que tu te contiennes devant lui, et que tu lui demandes ta grâce en suppliant, au lieu de le menacer encore.

—Soit, dit Hector, mais comment opérerez-vous cette substitution?

—Il est neuf heures, poursuivit Henry; Bothwell va venir. Nous te laisserons seul avec lui. A dix heures, il te rendra à notre garde et se mettra au lit, dans la pièce voisine, ordonnant, sans doute, qu'on l'éveille à l'heure de ton supplice.

—Après?

—Bothwell, je le sais de source certaine, boit chaque soir, en se mettant au lit, un verre de vin d'Espagne... Dans celui qu'il prendra ce soir, son valet, gagné par mon or, a versé deux gouttes de la fiole que voici;—cette fiole, nous l'avons achetée à Paris, il y a cinq jours, sur le pont Saint-Michel, dans la boutique de maître René le Florentin, parfumeur et gantier de la reine Catherine de Médicis.

—Du poison?

—Non, mais du hatchis; une pâte noirâtre délayée, un breuvage oriental qui engourdit les membres, trouble la raison et transporte l'esprit dans un monde imaginaire.

—Je commence à comprendre...

—Ah! tu comprends enfin, n'est-ce pas? Tu comprends que les régicides vont à l'échafaud la tête couverte d'un voile noir, et que ce voile ne tombe qu'avec la tête? Tu comprends que dans quatre heures, c'est-à-dire une heure avant le supplice, nous pénétrerons tous quatre dans la chambre du noble lord, que nous te coucherons dans son lit, tandis que nous le couvrirons du voile et des habits du condamné? Tu comprends encore, sans doute, qu'il n'est pas rare de voir l'homme qui va mourir avoir la tête en délire et les membres affaiblis, et qu'on mettra sur le compte de la terreur les mots incohérents, les phrases inachevées, la voix étranglée de cet homme que nous serons obligés de porter sur l'échafaud.

Hector étouffa un rugissement de joie.

—Tu es un homme de génie! murmura-t-il.

—Silence! fit soudain don Paëz, on vient!

Et, en effet, la porte s'ouvrit, et le secrétaire de Bothwell parut sur le seuil.

—Sa Grâce, dit-il, est prête à recevoir le condamné.

—Quand il sera garrotté toutefois, dit Henry.

Et il lia fortement les mains du prisonnier, le fouillant minutieusement pour s'assurer qu'il n'avait aucune arme sur lui.

Hector marcha d'un pas ferme vers le secrétaire de Bothwell et le suivit.

Celui-ci referma la porte et le condamné se trouva en présence de lord Bothwell, duc d'Orkney et régent d'Écosse.

Le duc, vêtu de velours noir des pieds à la tête, portant au cou la chaîne d'or massif des grands dignitaires de la couronne, reçut le condamné debout, comme c'était la coutume;—debout, et le chapeau en tête!

Debout, parce qu'il convient d'être courtois pour ceux qui vont mourir; couvert, parce que l'on ne doit aucun respect à ceux qu'attend le dernier supplice.

—Laissez-nous, dit-il impérieusement à son secrétaire; celui-ci sortit et le condamné demeura seul en face du vrai régicide.

—Monsieur, dit alors Bothwell avec calme, vous usez de votre droit en me demandant audience. Je vous écoute, que voulez-vous?

—Milord, dit Hector à voix basse, vous savez que je ne suis point coupable, vous savez encore, poursuivit-il d'une voix sourde et brève, quel est le vrai meurtrier du roi?

—Est-ce tout ce que vous avez à me dire?

—Pardon, milord. Vous savez encore pourquoi j'ai dédaigné de me défendre, et ce qu'il y a d'héroïsme dans mon silence et mon dévoûment. Milord, j'en appelle à un reste de loyauté qui, peut-être, n'est point éteint chez vous.

Bothwell ricana et ne répondit pas.

—Milord... supplia le condamné.

Bothwell fit un geste d'impatience:

—Que voulez-vous? demanda-t-il brusquement.

—Ma grâce, milord, rien que ma grâce!

Bothwell haussa les épaules:

—Vous aimez la reine, n'est-ce pas? fit-il avec dédain, et vous vous êtes dit coupable pour qu'on ne l'accusât point?

—C'est vrai, murmura Hector.

—Eh bien! si je vous fais grâce, savez-vous ce que l'on dira? On dira que c'était une comédie! et,—continua Bothwell implacable,—que la reine désormais lavée du soupçon, fait grâce au gentilhomme qui s'est dévoué pour elle.

—Mon Dieu! fit Hector, toujours calme dans son rôle.

—En sorte que si la reine a été renvoyée de l'accusation par le lit de justice, elle n'en sera pas moins accusée et condamnée tout bas par les plus chétifs de ses sujets.

Hector poussa un soupir:

—Les paroles que vous venez de prononcer, milord, murmura-t-il avec accablement, sont mon arrêt de mort.

—A moins que vous ne préfériez accuser la reine? ricana lord Bothwell.

Hector lui jeta un regard d'indignation.

—Je n'ai plus rien à ajouter dit-il avec dédain; je me retire, milord.

Bothwell fit un geste d'assentiment, ouvrit la porte, et cria:

—Gardes, assurez-vous de la personne du condamné!

Henry s'avança:

—Votre Grâce peut reposer tranquille, dit-il en s'inclinant. Le condamné attendra-t-il ici l'heure de son supplice?

Bothwell parut réfléchir.

—Soit, fit-il; qu'il s'entretienne avec son confesseur.

Don Paëz, agenouillé et tournant, par précaution, le dos à Bothwell, semblait prier avec recueillement.

Bothwell rentra dans son appartement, appela son valet de chambre et se fit déshabiller.

—Tu m'éveilleras à deux heures et demie, dit-il assez haut pour que les gardes et le condamné l'entendissent; j'assisterai, de ma fenêtre, à l'exécution.

Henry se traîna sans bruit jusqu'à la porte, colla son œil à la serrure, et vit le valet placer un gobelet d'or ciselé sur un guéridon. Ce gobelet contenait le marasquin favori.

Il n'attendit point que Bothwell l'eut vidé, et retournant vers ses compagnons, il leur dit:

—Le traître va s'endormir et ne s'éveillera plus que dans l'éternité!

En ce moment, dix heures sonnaient.

CHAPITRE QUATORZIÈME
XIV

Quatre heures d'anxiété terrible s'écoulèrent pour Henry, Hector et ses frères. Aucun bruit ne se faisait dans la chambre de Bothwell; on entendait seulement une respiration bruyante qui les fit tressaillir d'aise, après une heure d'attente et de profond silence. A cette respiration, succéda bientôt un flot de brusques paroles, séparées par de longs intervalles, et annonçant un rêve pénible. Le nom de la reine s'y trouvait mêlé parfois; mais il fut impossible aux quatre cavaliers de suivre et de comprendre ces péripéties du cauchemar.

Au moment où deux heures sonnaient, Hector dit à Henry:

—As-tu le voile noir?

—Non, dit Henry; c'est l'affaire du bourreau, il va nous l'apporter.

—Mais il reconnaîtra Bothwell?

—Peu importe!

—Il est donc notre complice?

—Il le sera.

Presque aussitôt, la porte qui donnait sur la plate-forme s'ouvrit, et le bourreau entra.

Il était sombre et triste, comme il convient à ces hommes marqués au front du doigt de la fatalité et qui doivent, instruments passifs de la loi, étouffer dans leur poitrine toute pulsation humaine, dans leur cœur tout mouvement de pitié.

—Je viens vous chercher, dit-il à Hector avec une sorte de respect douleureux.

—Asseyez-vous une minute, lui dit Henry.

Le bourreau s'assit et le regarda étonné.

—Monsieur d'Edimbourg, poursuivit le jeune garde, regardez bien le condamné en face.

Le bourreau regarda Hector.

—Croyez-vous que ce jeune homme, au front si calme, à l'œil si fier, soit capable de commettre un forfait aussi détestable que celui dont on l'accuse et pour l'expiation duquel il va mourir?

—Il est condamné, dit le bourreau tristement; s'il est innocent, que son sang retombe sur la tête de ses juges!

—Son sang ne coulera point, monsieur d'Edimbourg, dit froidement Henry.

Le bourreau tressaillit.

—Lui aurait-on fait grâce? demanda-t-il vivement.

—Non, mais un autre mourra à sa place.

—Un autre! exclama le bourreau.

—Dites-nous donc, monsieur d'Edimbourg, quelle est votre arme ordinaire?

—La hache, murmura sourdement l'homme rouge.

—Et où est votre hache?

—Sur le billot, dans la cour.

—Vous ne l'avez point apportée?

—A quoi bon?

—Et vous avez eu tort, grand tort, je vous jure; car si vous n'avez pas votre hache ici, nous avons nos pistolets, nous.

—Et, poursuivit Henry en tirant vivement les siens de sa ceinture et les portant tout armés au visage du bourreau, qui recula stupéfait, nous venons de décider, que, puisque dans une heure vous feriez tomber la tête d'un innocent, autant valait dès à présent faire sauter la vôtre.

Le bourreau recula encore, pâle et défait.

—Çà, monsieur d'Edimbourg, il y a un prêtre ici, mettez-vous à genoux et priez Dieu;—vous allez mourir.

Le bourreau se laissa tomber à genoux.

—Je ne suis coupable d'aucun crime, murmura-t-il suppliant; grâce! messeigneurs...

—Vous êtes innocent de tout crime, dites-vous?

Par le Christ, je le jure, messeigneurs!

—Ce jeune homme aussi est innocent, et vous demandez, sa tête cependant?

—C'est la loi qui la demande.

—Eh bien! si, au lieu de sa tête innocente, nous donnions la tête du vrai coupable?

Le bourreau frissonna:

—Que voulez-vous dire? fit-il.

—Attendez et écoutez: le condamné va au supplice la tête couverte d'un voile noir, n'est-ce pas? Vous coupez cette tête avec le voile?

—Sans doute... balbutia le bourreau.

—Et vous ne la pouvez examiner que détachée du tronc?

—Eh bien! donnez votre voile, monsieur d'Edimbourg, nous allons remettre entre vos mains un homme qui en sera couvert...

A cette proposition inattendue, le bourreau tressaillit et demanda vivement:

—Quel est cet homme?

—Vous le saurez quand sa tête sera coupée!

—Mais je ne le puis... je ne veux pas...

—Vous avez le droit de refuser, nous avons, nous, celui de vous tuer.

Et Henry ajusta le bourreau:

—Grâce! cria celui-ci frémissant.

—Le voile! le voile! demanda impérieusement Henry, je vous donne trois secondes pour vous décider.

—Mon Dieu! murmura le bourreau en tendant le voile funèbre, faites que le sang de l'inconnu que je vais verser soit un sang coupable, et qu'il ne jaillisse point sur ma tête.

—Cet homme est coupable, murmura don Paëz.

Pour le bourreau, don Paëz était un prêtre; un prêtre ne ment point, le bourreau eut foi.

—Ôte ton pourpoint, Hector, dit ensuite Henry. Don Paëz, poursuivit-il, prenez ce pourpoint et ce voile, et allez en couvrir l'homme que nous avons condamné. Nous, nous demeurons ici pour tenir en respect monsieur d'Edimbourg.

Le bourreau tremblait.

Don Paëz prit le pourpoint et le voile, ouvrit sans bruit la porte, la referma sur lui et se dirigea vers le lit de Bothwell à travers les ténèbres, mais guidé par la respiration bruyante du dormeur.

Celui-ci continuait son rêve et murmurait d'une voix entrecoupée, et assourdie par l'étrange ivresse du hatchis:

—Je suis le roi... le roi d'Écosse, parbleu! et j'ai des milliards dans mes caves.

—Mort-Dieu! grommela don Paëz, voici un futur roi d'Écosse bien riche et qui bâtit des châteaux en Espagne, comme s'il était roi de ce doux pays.

Et il secoua le dormeur.

—Que me veut-on? fit celui-ci.

—Sire! dit don Paëz.

—Ah! ah! je suis bien le roi, n'est-ce pas?

—Certainement, sire.

—Et quel motif vous amène près de moi?

—Je viens vous prendre pour vous conduire à l'Église où l'on doit sacrer Votre Majesté.

—Très bien, je me lève; habillez-moi.

Don Paëz procéda aussitôt à la toilette du docile monarque, qui se laissa faire, incapable qu'il était d'aider son valet de chambre improvisé, ayant ses yeux toujours fermés, du reste, et poursuivant son rêve doré.

Quand il fut habillé, don Paëz l'assit sur le lit et déplia le voile.

En ce moment, un rayon de lune se dégagea des nuages plombés qui couvraient le ciel, passa au travers des vitraux de la salle et vint éclairer le visage du dormeur.

L'expression en était lourde, sans dignité, sans aucune empreinte de passion autre que la cupidité.

—Cordieu! murmura don Paëz, cette physionomie est plutôt celle d'un imbécile que d'un scélérat de génie. Comme l'ivresse change un homme! Voilà une tête qui ne ressemble pas du tout à celle que j'ai aperçue la nuit dernière, à la lueur instantanée d'un coup de pistolet. Et cependant, c'est la même!

Après cette réflexion si peu flatteuse pour un homme qui se prétendait le roi d'Écosse, don Paëz lui mit sans façon le voile noir.

—Qu'est cela? fit le futur monarque, et pourquoi me couvre-t-on la tête?

Don Paëz le regarda. Il avait toujours les jeux fermés:

—C'est votre coiffure, sire, dit-il.

—Quelle coiffure?

—Celle que vous devez porter à votre sacre.

—Singulière coiffure, murmura le nouveau roi d'Écosse passant ses mains tremblottantes sur sa tête et murmurant: on dirait un voile...

—C'est un voile, en effet.

—Et pourquoi ce voile?

—C'est l'usage, sire.

—Soit, bégaya l'étrange roi...

Et se renversant sur son oreiller il se reprit à ronfler:

—Bonsoir, fit-il, je rêve...

—Vous ne rêvez pas, sire... Vous êtes parfaitement éveillé.

—Quoi? vraiment, c'est l'heure de mon sacre?

—Votre Majesté l'a dit.

—Je suis donc bien réellement le roi... l'époux de la reine?

—Pouvez-vous en douter, sire?

—Hum! fit le faux roi, c'est flatteur! elle est belle, la reine...

—Très belle, sire...

Le faux roi fit un soubresaut.

—Ah! dit-il, vous trouvez?—Ah! tu trouves que la reine est belle, misérable!

—Mon Dieu, fit don Paëz d'une voix tremblante, aurais-je offensé Votre Majesté?

Le roi parut réfléchir, les yeux toujours fermés.

—Au fait, murmura-t-il, puisque tu la trouves belle, c'est qu'elle l'est.

—J'allais le dire pour ma défense à Votre Majesté.

—C'est profond cela, fit le roi avec gravité.

Don Paëz étouffa à grand'peine un éclat de rire:

—Que ce scélérat-là est bête dans l'ivresse! pensa-t-il.

—C'est que, vois-tu, reprit le roi après un silence entrecoupé de bâillements, trouver la reine belle est presque un crime... Et le dire au roi...

—N'en est pas un, sire.

—Ah! et pourquoi?

—Parce que c'est lui avouer qu'on est son sujet le plus respectueux et le plus dévoué, en osant lui dire la vérité.

—Tu as de l'esprit, dit le roi en essayant en vain d'ouvrir les yeux sous son voile.

—Je vole Votre Majesté.

—Et je désire faire ta fortune.

—Elle est faite, puisque Votre Majesté daigne y penser.

—Quelles sont tes fonctions?

—Je suis votre valet de chambre, sire.

—Eh bien! je te fais premier ministre.

Don Paëz haussa imperceptiblement les épaules:

—Quel singulier pays que l'Écosse! où des niais de ce genre jouent des rôles importants! murmura-t-il. Allons, sire, reprit-il tout haut, on vous attend. Venez, voici mon bras.

—Tu me disais donc, reprit le loquace monarque, que la reine était belle?

—Encore? pensa don Paëz impatienté.

—C'est très bien de le penser, mais il ne faut pas le dire trop haut... car enfin, vois tu, il faut que la reine soit respectée...

—Sans doute. Venez donc, sire?

Le faux roi prit le bras de don Paëz et essaya de faire un pas, tout en continuant de parler.

—... Car, si elle ne l'était pas, on pourrait murmurer dans notre bon pays d'Écosse... et puis, notre noblesse est fière, et elle la déposerait en vertu d'un lit de justice... Or, comprends bien, cela me serait parfaitement égal qu'on déposât la reine, si l'on ne devait pas me déposer... je ne l'aime pas, moi, et ne tiens qu'aux milliards qui sont dans mes caves de Glascow et d'Édimbourg;—mais, comme la déposition de la reine entraînerait la mienne... tu comprends...

—Oui, oui, je comprends, sire... mais venez... on vous attend...

Le faux roi chancelait sur ses jambes.

—Je suis ému, murmura-t-il; l'heure est si solennelle...

Don Paëz le prit dans ses bras, et le porta pour ainsi dire.

—Ce voile m'étouffe...

—Attendez, sire, je vais l'arranger.

Et don Paëz, au lieu de le dégager, noua solidement les coins du voile autour du cou du faux roi, afin qu'aucun mouvement ne le pût déranger et mettre à découvert le visage.

Puis il continua à l'emporter.

La brusque transition des ténèbres à la lumière fit éprouver une sensation douloureuse au faux monarque, qui, la tête couverte des plis épais du voile, s'écria:

—Sommes-nous donc déjà à l'église?

—Pas encore, répondit don Paëz.

Hector et ses compagnons interrogèrent don Paëz du regard.

—Il rêve qu'il est roi d'Écosse, fit l'Espagnol, et je le conduis à la cathédrale où on le doit sacrer.

Ils échangèrent tous quatre un sourire. Quant au bourreau, il frissonna et se signa.

—Et où sommes-nous donc? demanda le faux roi.

—Dans la salle d'honneur du château.

—C'est étrange... murmura Henry, sa voix n'est plus la même dans l'ivresse.

—J'avais déjà fait la même remarque, ajouta Gaëtano. C'est bien lui, cependant...

—Pardieu!

—Allons donc à l'église! poursuivit le roi.

Henry tressaillit:

—Ce n'est pas du tout la même voix, murmura-t-il en fronçant le sourcil.

Et le soupçon grandissant dans son esprit, il s'avança et prit un coin du voile pour le soulever.

Mais soudain il vit briller une bague qu'il se souvint d'avoir vue au doigt de Bothwell dans la soirée même, et, haussant les épaules, il lâcha le voile sans daigner regarder dessous.

—Sire, dit don Paëz d'une voix railleuse, vous voici au milieu des officiers de votre maison...

—Ah! très bien!...

—Rien ne vous retient plus, et votre bon peuple d'Écosse se presse sous les nefs de l'église pour s'enivrer de la vue de son souverain.

—Allons donc, messieurs! il ne faut pas que mon peuple attende!...

Et comme il chancelait toujours, Gaëtano se joignit à don Paëz et le soutint.

Alors Henry dit à Hector:

—Entre dans cette pièce, déshabille-toi et mets-toi au lit, l'heure approche. Quand on viendra t'éveiller, tu auras le dos tourné et tu ordonneras qu'on te laisse seul. Alors tu revêtiras ses habits à lui, puisqu'il vient de revêtir les tiens, et tu t'approcheras de la fenêtre, le chapeau sur les yeux, un pan de ton manteau sur le visage.

Hector ne répondit pas, il entra dans la chambre de Bothwell, se coucha dans le lit encore tiède et attendit.

Dix minutes après le valet de chambre entra:

—Que me veut-on? fit-il, déguisant sa voix, et la tête enfouie sous la courtine.

—Votre Grâce a ordonné qu'on l'éveillât pour l'exécution.

—Quelle heure est-il?

—Près de trois heures.

—C'est bien, qu'on me laisse!

Le valet sortit, Hector revêtit les habits de Bothwell, et s'approcha de la croisée qu'il ouvrit.

Les premières lueurs de l'aube glissaient, indécises, sur la crête des montagnes voisines; et, au travers des ténèbres qui enveloppaient encore les plaines et les bas-fonds, Hector put apercevoir son échafaud dressé au milieu de la cour, et, autour de son échafaud, un cordon de gardes.

. . . .

Pendant ce temps, le faux roi descendait en chancelant, appuyé sur les bras de Gaëtano et de don Paëz, qui portait son costume de prêtre,—les marches du grand escalier qui, des appartements supérieurs, conduisait au lieu du supplice.

Henry et le bourreau fermaient la marche.

—Ah! murmura enfin celui-ci, dont une sueur glacée inondait le front, je commence à deviner quel est cet homme?

—Que vous importe!

Le bourreau hésita une minute:

—Non, jamais! dit-il enfin, jamais je ne me rendrai complice d'un pareil forfait!

Pour toute réponse, Henry lui appuya le canon de son pistolet sur la tempe.

A ce froid contact, le bourreau eut peur et dit sourdement:

—J'obéirai!

—Fais bien attention à ceci, mon maître, dit alors Henry; c'est que, foi de gentilhomme, si tu nous trahis, si tu dis un mot, si tu fais un geste, je te tue!

Le bourreau tremblait de tous ses membres.

—La hache me tombera des mains, murmura-t-il.

—Tu tomberas sur elle, maître. Marche!

—Ah ça! fit le faux roi, pourquoi diable ce voile?

—Je l'ai dit à Votre Majesté, c'est l'usage.

—Je ne savais pas. De quelle couleur est-il?

—Blanc, sire.

—Les rois vont donc se faire sacrer sous le voile, comme les vierges montant à l'autel nuptial?

—Oui sire; comme elles, les rois doivent être purs de toute souillure.

—Je comprends. Y aura-t-il beaucoup de monde à mon sacre?

—Oui, sire.

—A-t-on convié ma noblesse?

—Sans doute.

—Et le clergé?

—Le clergé aussi.

—Et... qui me sacrera?

—M. d'Edimbourg, sire.

Don Paëz prononça cette atroce parole avec tant de sangfroid, que Henry, Gaëtano et le bourreau en frissonnèrent.

C'était une comédie solennellement terrible que celle de conduire à l'échafaud un homme qui croyait être roi, qui croyait aller au sacre, et que l'on entretenait dans cette erreur fatale par un respect si tragiquement ironique.

—Ah! reprit le faux roi, c'est M. d'Edimbourg qui va me sacrer?

—Oui, répondit don Paëz.

Et don Paëz ne mentait point. Seulement, au lieu de parler de l'archevêque d'Edimbourg, ce que le patient comprenait, don Paëz parlait du bourreau.

C'était le plus terrible jeu de mots qui se fût jamais fait jusque-là!

Le faux roi marchait avec une difficulté extrême.

Quand il fut arrivé dans la cour, l'air frais du matin lui fouettant le visage, il demanda:

—Où sommes-nous?

—Sur la grande place de la cathédrale, sire...

—C'est drôle, murmura-t-il, je n'entends point le populaire crier: *Noël!*

—Le respect cloue sa langue.

—A-t-on fait *largesse*?

—Non, sire. On a dit au peuple que le roi était pauvre.

—On a bien fait. Le roi n'est pas pauvre, mais il est avare. Je ne veux pas ébrécher mes milliards...

Le faux roi traversa une double rangée de soldats aux gardes.

Quelques-uns entendirent ses incohérentes paroles et s'en étonnèrent...

A ceux-là Henry répondit:

—Il a le délire, et il se figure qu'il est le roi d'Écosse.

Les gardes haussèrent les épaules:

—Pauvre garçon murmurèrent-ils.

Le funèbre cortége arriva ainsi au bas de l'échafaud.

—Voici dix marches à monter, sire, dit don Paëz.

—Pourquoi ces dix marches?

—Ce sont celles de votre trône.

—Bien, je les gravirai.

Et il les gravit, en effet, soulevé par les robustes bras du bourreau et de don Paëz, qui remplissait les fonctions d'aumônier.

Henry demeura au bas de l'échafaud avec Gaëtano, il leva les yeux dans la direction de la croisée de la chambre de Bothwell, les gardes suivirent ce regard, et comme lui, aperçurent un homme vêtu de noir, le feutre sur les yeux, enveloppé dans son manteau et considérant, impassible, les apprêts du supplice.

Tous frissonnèrent à cette vue, et plusieurs se souvinrent que la rumeur publique avait accusé cet homme du crime qu'un autre allait expier.

Il y eut même comme un murmure dans les rangs des gardes.

Ce murmure fit tressaillir Henry qui cria au bourreau:

—Dépêchez-vous donc! monsieur d'Edimbourg...

Pendant ce temps le faux roi était parvenu sur la plate-forme étroite de l'échafaud, et il avait été entouré par les trois aides de l'exécuteur.

Mais celui-ci les avait renvoyés en leur disant: je n'ai pas besoin de vous, et il était demeuré seul sur l'estrade fatale, avec le patient et don Paëz.

—Sire, dit alors ce dernier, il faut vous mettre à genoux.

—A genoux? Pourquoi?

—Pour prier Dieu devant votre peuple, sire.

—C'est juste; il faut qu'un roi donne l'exemple de l'humilité.

Et le faux roi s'agenouilla.

Don Paëz se tourna vers le bourreau.

—Vous savez, monsieur d'Edimbourg, lui dit-il tout bas, qu'il y a une vieille loi écossaise qui punit de mort le bourreau maladroit qui manque son patient.

—Je le sais, dit-il sourdement.

—Et si cela vous arrivait, poursuivit froidement don Paëz, la loi serait exécutée sur-le-champ. J'ai une dague sous ma robe et je vous l'enfoncerais jusqu'à la garde dans la poitrine.

—Mon Dieu! murmura le bourreau, pardonnez-moi!...

—Sire, continua don Paëz, le jour de leur sacre, les rois baisent la poussière, et c'est pendant qu'ils sont prosternés que le prélat qui officie laisse tomber sur eux l'huile sainte.

—Eh bien! dit le faux roi, dites à M. d'Édimbourg de se tenir prêt.

Et de lui-même il se baissa, et appuya, sans le savoir, sa tête sur le billot.

Don Paëz fit un signe, le bourreau leva le bras, la hache étincela aux premiers rayons de l'aube, puis retomba sourdement et sépara la tête du tronc d'un seul coup, tranchant avec elle le voile noir des régicides.

—Voilà, murmura don Paëz, un homme qui est mort en rêvant, et qui s'en va dans l'autre monde enchanté de son sacre et riche à milliards. C'est le cas, ou jamais, de dire que *le bien vient en dormant.*

Le bourreau saisit aussitôt la tête sanglante, encore enveloppée du voile, et, sans oser la regarder, pâle, frissonnant, il la jeta dans le cercueil placé derrière lui avec le corps qu'il plaça par-dessus.

Et puis, comme s'il eût craint encore d'apercevoir cette tête, il ôta son manteau rouge et l'étendit dessus.

La foule des gardes s'écoula en silence.

Seuls, Henry et Gaëtano demeurèrent au pied de l'échafaud, avec don Paëz qui venait d'en descendre.

Quant au bourreau, il demeurait appuyé sur la hache, inerte, stupide, moulant la statue du Désespoir, réduit à l'idiotisme.

Alors le prêtre et les deux gentilshommes levèrent de nouveau les yeux vers la croisée.

Hector y était toujours appuyé, immobile et froid comme un dieu de marbre, et attachant un sombre regard sur cet édifice rouge, à travers les fentes duquel le sang tombait tiède et goutte à goutte sur le sable, avec un monotone et lugubre bruit.

Tout à coup, Henry se frappa le front.

—Nous sommes des niais! dit-il, il faut partir!

—Nos chevaux sont sellés! répondit Gaëtano.

—Oui, fit don Paëz; et quand nous serons partis, M. d'Edimbourg nous vendra.

Le bourreau l'entendit.

—Jamais! murmura-t-il. Ce serait vendre ma propre tête.

—Il y a un moyen bien simple de mettre les nôtres à l'abri, dit l'astucieux Gaëtano.

—Lequel?

—Il faut emporter celle du supplicié; tous les corps se ressemblent, celui de lord Bothwell n'était pas fait autrement que celui d'Hector.

—Ceci est fort ingénieux, répliqua Henry, mais il serait convenable alors de lui ôter sa bague.

—Qu'à cela ne tienne! fit don Paëz.

Et il remonta sur l'échafaud, découvrit le cercueil et y prit la tête, qu'il enveloppa des lambeaux du voile et roula sous son manteau.

Puis il souleva le corps à demi, prit la main droite dans sa main et en retira la bague.

—Adieu, monsieur d'Édimbourg, dit-il ironiquement au bourreau, quand vous serez vieux vous écrirez vos mémoires, et vous raconterez comment trois gentilshommes, n'ayant que la cape et l'épée, arrivés de la veille, étrangers au pays et n'y ayant aucune intelligence, eurent l'audace de substituer sur l'échafaud, à un condamné obscur, un homme qui se nommait lord Bothwell, duc d'Orkney, et était régent d'Écosse.

Le bourreau se tut et demeura appuyé sur sa hache.

—N'ayez nul regret, monsieur d'Edimbourg, poursuivit don Paëz; le noble lord était le vrai meurtrier du roi. Quand nous serons moins pressés qu'aujourd'hui nous vous raconterons cette histoire.

. . . .

Les trois gentilshommes rentrèrent dans le château par une porte dérobée, gagnèrent les appartements de Bothwell, trouvèrent Hector toujours appuyé à l'entablement de la croisée, et l'entraînèrent.

Hector avait la même taille que Bothwell, il était revêtu de ses habits; il se couvrait le visage de son manteau. On le prit partout pour le duc, et il traversa le château sans encombre, suivi de ses deux frères et d'Henry: l'un, sous son vêtement ecclésiastique, les deux autres portant toujours le costume des gardes.

Ils montèrent à cheval et partirent au galop.

Don Paëz avait toujours sous son manteau la tête sanglante.

—Ah çà, dit-il, qu'allons-nous faire de ceci?

—Nous le jetterons en pleine mer, répondit Henry.

—Où allons-nous? demanda Hector.

—Je ne sais, fit Gaëtano; mais hors d'Écosse, toujours.

Hector tressaillit.

—Loin d'elle! fit-il sourdement.

—Frère, murmura don Paëz, viens en Espagne; nous te ferons, le roi mon maître et moi, assez puissant seigneur pour parler de ton amour la tête haute;—tu seras ambassadeur, et alors...

—Ce serait trop de bonheur... fit Hector.

Et l'émotion l'empêcha d'achever sa pensée.

En ce moment, au coude du chemin, un cavalier apparut et poussa un cri.

—Frères! frères! dit-il.

—Gontran! s'écrièrent les trois cavaliers. C'était Gontran, en effet;—Gontran qui arrivait bride abattue, mourant.

Mais ce n'était plus ce jeune homme insouciant, à la lèvre rosée, à l'œil mutin, au franc sourire;—c'était un homme pâle, triste, aux yeux caves, à la lèvre amincie et pendante, au geste saccadé.

—Frères! leur cria-t-il, le malheur est tombé sur Penn-Oll.... l'enfant est perdu!

—L'enfant est perdu!..... s'exclamèrent-ils.

Gontran baissa la tête et ne répondit pas.

Don Paëz fut le premier qui sauta au bas de son cheval, courut à Gontran, lui secoua vivement le bras et lui dit avec fureur:

—Mais parle donc, malheureux! parle!

—Il y a quinze jours que je ne dors ni ne vis, répondit Gontran; quinze jours que je cours par monts et par vaux et demandant partout mon enfant... Frères, ne m'accablez pas de votre courroux, car je souffre mille tortures, et vingt fois par jour je suis tenté de me passer ma rapière à travers corps.

—Mais parle donc! hurla don Paëz, parle! où et comment l'as-tu perdu?

—A Paris, dans la nuit de la Saint-Barthélemy.

—Oh! fit Gaëtano, ils l'ont massacré!

—Non, s'écria Gontran avec force, non!

—Qu'est-il donc devenu, alors?

—On me l'a volé!

—Volé!

—Écoutez, frères, écoutez-moi..... quand vous m'aurez entendu, peut-être ne me condamnerez-vous pas!

—Par la mordieu! exclama don Paëz, aussi vrai que le soleil nous éclaire à cette heure, si tu ne retrouves pas l'enfant, quoique tu sois mon frère de sang et de cœur, je te tuerai!

—Frappe! lui dit froidement Gontran.

Et il lui présenta sa poitrine.

—Fou! murmura don Paëz.

Ils descendirent tous de cheval, ils s'allèrent asseoir à la lisière d'un bois et jetèrent la tête du faux roi dans un fossé.

Alors Gontran leur raconta d'une voix brève, saccadée, entrecoupée de sanglots, les détails de cette terrible nuit de la Saint-Barthélemy, nuit pendant laquelle, nos lecteurs s'en souviennent, l'enfant avait été enlevé par le roi de Navarre.

Ils l'écoutèrent avec recueillement, sombres, pensifs, la main sur leur épée,—et quand il eut fini, don Paëz s'écria:

—Nous sommes quatre, tous quatre jeunes et forts, vaillants et sagaces; nous avons pour nous l'audace qui tente, la foi qui guide, le droit qui triomphe; nous allons parcourir l'Europe en tous sens, fouiller ciel, terre et mers dans leurs moindres replis, et si nous ne retrouvons point l'enfant notre maître, c'est que Dieu refusera son appui à notre cause—et Dieu assiste toujours ceux qui croient en lui et ne réclament que leur droit!

Henry s'était tenu à l'écart, il s'avança vers le milieu du groupe:

—Vous êtes quatre, avez-vous dit? don Paëz.

—Oui.

—Vous vous êtes trompé, messire, nous sommes cinq! dit Henry.

Et il tira son épée comme eux, puis ajouta:

—J'ignore quel est votre nom réel, j'ignore quel est cet enfant que vous appelez votre maître; mais nous sommes frères depuis dix jours, car nous combattons côte à côte, frères, depuis notre naissance, car l'un de vous a passé sa jeunesse sous le toit de mon père; nous avons partagé le même lit, bu au même verre, rompu le même morceau de pain. Vous étiez quatre frères, soyons cinq, n'ayant qu'une vie, qu'une pensée, qu'un but... retrouver cet enfant.

—Henry, dit don Paëz d'une voix grave et solennelle, je suis l'aîné de tous, j'ai la parole le premier; c'est mon droit. Au nom de mes cadets, je te reconnais pour notre frère: j'accepte ton épée et ta vie; notre épée et notre vie sont à toi.

—Partons donc! fit Gaëtano, cette terre d'Écosse me pèse sous les pieds comme si elle était renversée.

—Oui, répondit don Paëz, partons; mais avant, jurons-nous aide et secours mutuel. Hector était en péril et nous sommes accourus; dans huit jours, demain, peut-être, l'un de nous sera aux prises avec une passion violente, amour ou ambition, et il aura à lutter.

—Eh bien! dit Gaëtano, nous ferons pour lui ce que nous avons fait pour Hector.

—Vous le jurez?...

—Tous, s'écrièrent-ils.

—Frères, murmura Hector, mon vœu le plus cher est que vous n'éprouviez jamais les tortures qui m'ont brisé.

—Il est une passion qui guérit l'amour, répondit don Paëz.

—Laquelle, frère?

—L'ambition.

—Est-elle moins amère?

Don Paëz tressaillit.

—Frère, murmura-t-il, tu viens de prononcer un mot terrible: l'amour vaut mieux, sans doute!

—Bah! dit Gaëtano, il n'y a qu'une passion réelle en ce monde.

—Quelle est-elle?

—Un vieux flacon vidé auprès d'une beauté qu'on n'aime pas. Quand on n'aime aucune femme, on les aime toutes.

—Gaëtano, murmura don Paëz, toi seul seras heureux!

—Parbleu! répondit l'Italien, une seule chose suffit pour cela;—la foi! J'ai la foi grande quand mon escarcelle est pleine, moindre quand elle est maigre; sans limites quand elle est vide. Je suis lazzarone, frères; grand seigneur aux heures d'opulence, poète et philosophe quand viennent les mauvais jours. Seule, la médiocrité m'étouffe, car si je n'ai plus d'or pour être galant gentilhomme, j'en ai trop encore pour improviser des vers et méditer sur le néant des vanités humaines.

En route, messeigneurs; ce ciel brumeux, ces montagnes, ces paysans à mine farouche, ne valent pas le ciel de Naples la belle, son golfe bleu, ses lauriers roses, et son Vésuve, dont le front flamboye éternellement.

Hector se tourna vers ces montagnes et ce ciel insultés par Gaëtano, et leur dit avec émotion:

—Vous avez abrité ma jeunesse, vous avez été hospitaliers pour moi, je vous remercie et vous regretterai toujours.

Puis Henry vint et murmura:

—Tu n'es point, ô terre d'Écosse! un pays doré du soleil. La neige couvre tes montagnes, tes vallées sont sauvages et pauvres, mais tes fils sont loyaux et braves, généreux et hospitaliers. Sur ton sol est née ma famille, mon père y repose du dernier sommeil, et je te quitte en pleurant. Adieu, patrie, je te reverrai!

—Terre d'Écosse! cria à son tour don Paëz, moi aussi je te veux faire mes adieux, et te laisser un souvenir.

Et sans ajouter un mot, il abattit du revers de son épée une branche de chêne, l'affila des deux bouts comme un épieu, et la planta en terre.

Puis il alla ramasser la tête, la débarrassa de son voile noir, et la ficha dessus comme un sanglant trophée.

Alors il se découvrit et murmura avec un ironique sourire:

—Roi imaginaire, je te salue!

Mais trois cris lui répondirent, trois cris indicibles de stupeur, de rage, d'étonnement...

—Quelle est cette tête? hurla Hector.

—Pardieu! répondit don Paëz, celle de Bothwell.

—C'est faux! s'écria Gaëtano.

—Faux! s'écria Henry hors de lui.

—Bothwell était blond... cette tête est brune, hâlée, reprit Hector en courant vers elle, et l'examinant avec une avide attention.

Henry s'approcha comme lui et jeta un nouveau cri:

—Le secrétaire! murmura-t-il.

Il y eut parmi ces cinq hommes une minute de terrible silence, pendant laquelle ils se regardèrent presque avec terreur.

Cet homme qu'ils avaient conduit au supplice, cet homme dont la tête sanglante était là, devant leurs yeux, ce n'était pas Bothwell!

Enfin, Henry s'écria:

—Je l'avais bien dit: ce n'était plus la même voix!

—Moi aussi, fit Gaëtano.

—Mais tu ne l'as donc pas vu, frère?

—Jamais; je lui tournais le dos cette nuit quand il est entré.

—Malédiction! hurla Hector, la reine est perdue!

—Non! fit don Paëz avec force, car nous sommes cinq, cinq épées vaillantes qui pourraient conquérir un royaume, et nous la sauverons!

—Mais où donc est Bothwell?

—Bothwell? dit Henry, il n'était pas à Dunbar cette nuit, et son secrétaire était dans son lit, ajouta don Paëz. A cheval, frères, à cheval!

CHAPITRE QUINZIÈME
XV

Il est nécessaire de revenir sur nos pas pour expliquer cette étrange méprise dont Hector et ses frères venaient d'être victimes, et de nous reporter au moment où Bothwell, après avoir remis le condamné aux mains d'Henry et de Gaëtano, rentra dans son appartement.

Quand la porte se fut refermée, on s'en souvient, le lord appela son valet de chambre et se fit ostensiblement déshabiller et mettre au lit.

Puis il ordonna qu'on l'éveillât à l'heure de l'exécution, et qu'en attendant on le laissât seul.

On avait bien placé sur son guéridon le verre de vin d'Espagne, mais le lord oublia d'y tremper ses lèvres. Il avait bien autre chose en tête, vraiment! car, à peine le valet fut-il parti, qu'il souffla sa lampe, sortit du lit sans bruit, se traîna à pas de loup jusqu'à la porte de la troisième pièce où travaillait son secrétaire et frappa doucement.

Le secrétaire ouvrit et Bothwell entra.

Le secrétaire était un homme d'environ quarante-cinq ans, assez maigre, assez bien pris, et absolument de la même taille que Bothwell.

La tête seule différait; elle était brune de peau et de cheveux, tandis que Bothwell était blond et avait le teint rosé.

—Maître Wilkind, dit le lord en refermant la porte avec précaution, vous êtes ambitieux, n'est-ce pas?

—Certes, milord, répondit Wilkind avec un sourire béat, il fallait l'être, et beaucoup, pour servir Votre Honneur comme je l'ai fait, en mettant moi-même le feu à cette mèche soufrée, qui a dû procurer au feu roi d'Écosse un très vilain quart d'heure.

—Et votre ambition n'est point satisfaite encore?

—Votre Honneur songe à moi, j'en suis sûr.

—Vous voulez faire votre fortune, n'est-ce pas?

—La plus grande possible. Par exemple, si Votre Honneur devient roi d'Écosse, il me semble qu'il pourrait... m'octroyer... un portefeuille...

—Un portefeuille? Oh! oh! maître Wilkind.

—Oh! celui des finances... celui-là seulement.

—Raillez-vous, messire Wilkind?

—Mon Dieu! murmura ingénûment Wilkind, lord Douglas, par exemple, s'il me refusait un portefeuille, me donnerait beaucoup d'or, j'en suis sûr, si je lui faisais quelques confidences...

Bothwell se mordit les lèvres.

—Silence! dit-il, tu seras ministre... Mais si c'était à recommencer, je ferais moi-même mes affaires... Ce secret n'est plus le mien.

—Il est le nôtre, monseigneur. D'ailleurs, vous avez fort bien fait de me confier le soin des poudres. On ne sait pas ce qui eût pu arriver... Une explosion trop prompte, un grain de fumée sur votre visage... il n'y a que les pauvres diables comme moi qui réussissent dans ces sortes d'affaires...

—Assez, dit sèchement Bothwell. Passons aux choses importantes. C'est cette nuit que j'enlève la reine.

—Déjà?

—Sans doute. Mais il y a des précautions à prendre... Les gardes me détestent et ils la défendront à outrance...

—Il y aura donc un combat?

—Sans merci. C'est pour cela que j'ai demandé à la reine, pour la garde du château, les trois compagnies de ses gardes les plus turbulentes, ne lui en laissant qu'une à Glascow.

Wilkind s'inclina.

—Votre Grâce a un génie sans égal, murmura-t-il.

—La reine, poursuivit Bothwell, partira demain avant le jour, en litière, de Glascow pour Stirling. Une trentaine de gardes seulement l'escorteront. Au point du jour, le cortége atteindra la vallée de l'Aigle-Noir, où je me trouverai embusqué avec le régiment d'Écosse-Cavalerie, que j'ai gagné à ma cause et qui m'est tout dévoué. La lutte sera terrible, mais elle sera courte; je ferai la reine prisonnière, je l'emmènerai à Dunbar, je l'y tiendrai enfermée, et alors... comme l'Écosse et l'Europe le sauront, Marie Stuart m'épousera pour mettre, aux yeux de l'Europe et de l'Écosse, son honneur de reine à couvert.

—Admirable! s'écria Wilkind.

—Mais, ajouta Bothwell, les niaiseries, les riens sont d'ordinaire la pierre d'achoppement des grandes entreprises: ces trois compagnies de gardes écossaises que j'ai ici sont bien moins à mes ordres, tout régent d'Écosse que je suis, que je ne suis, moi, leur prisonnier: elles me surveillent, elles m'observent... Si je pars ostensiblement pour me mettre à la tête d'Écosse-Cavalerie, dix hommes me suivront et m'épieront de loin, donneront l'alarme et perdront tout!

—C'est juste, cela, milord.

—C'est pour cela que j'ai pris mes précautions. Tu sais qu'il y a une loi écossaise qui enjoint à tout gouverneur, commandant de forteresse, d'assister, de sa personne, aux exécutions capitales?

—Sans doute, milord.

—C'est précisément pour cela que j'ai donné ordre que le prétendu meurtrier du roi fût exécuté au point du jour; rien que pour cela, entre nous, car l'affaire n'était pas pressée...

—Mais, dit Wilkind, Votre Grâce ne pourra assister à l'exécution puisqu'elle part?

—Non, mais tu y assisteras, toi.

—Moi?

—Sans doute; tu vas te coucher dans mon lit, t'envelopperas dans les courtines et tu attendras qu'on t'éveille. Tu ordonneras alors, en déguisant ta voix le plus possible, qu'on te laisse, tu revêtiras mes habits, tu te couvriras de mon manteau de duc et pair d'Écosse, et mon chapeau rabattu sur tes yeux, tu assisteras de la fenêtre à la mort de cet imbécile.

—J'obéirai à Votre Honneur.

—Moi, dit Bothwell, je vais m'esquiver par un escalier secret et un boyau souterrain;—à deux lieues d'ici, je trouverai une escorte d'Écosse-Cavalerie.

—Si Votre Grâce est roi, je serai ministre?

—Foi de lord!

—Ministre des finances?

—Oh! oh! fit le duc, nous sommes donc bien avide?

Wilkind se troubla.

—Non, dit-il, mais j'ai l'esprit mathématique.

—Eh bien! nous verrons... murmura Bothwell en riant. Donne-moi tes habits et ton manteau.

Tandis que le lord endossait les chausses et le pourpoint de son secrétaire, maître Wilkind, déshabillé à son tour, se glissait dans le lit.

—Monseigneur! dit-il à voix basse.

—Que veux-tu?

—Votre Grâce a l'habitude de prendre un verre de vin d'Espagne en se couchant, n'est-ce pas?

—Oui... Eh bien?

—Eh bien! je réfléchis que puisque je joue, à cette heure, le rôle de Votre Grâce, le verre de vin en question ne peut m'être nuisible.

—Il est plein sur mon guéridon... prends-le.

Wilkind, à l'aide du faible rayon de lumière qui passait au travers de la porte entre-bâillée, aperçut le gobelet d'or, le saisit à deux mains et le vida d'un trait. Puis il s'endormit en murmurant:

—Je serai ministre des finances et je ferai ma fortune!

Mais le hatchis aidant, le rêve de Wilkind prit bientôt des proportions moins mesquines; de ministre des finances qu'il était d'abord, il se fit bientôt roi d'Écosse, puis il peupla les caves de ses châteaux royaux d'innombrables trésors, et il arriva enfin à prendre des bains de pistoles et à ferrer ses chevaux avec des lingots.

Nos lecteurs savent le reste, et comment le pauvre diable acheva son rêve, grâce à la hache du bourreau d'Edimbourg.

Tandis que Wilkind s'endormait, Bothwell, revêtu de ses habits, sortait du château et trouvait un cheval tout sellé à une poterne.

Il sauta dessus, le mit au galop et prit la route de Glascow.

A un quart de lieue du château, il quitta la route, se jeta dans un chemin de traverse et entra dans la forêt.

Là, il se dirigea vers la hutte de ce bûcheron qui l'avait deux fois déjà accueilli, lors de ses rencontres avec la reine.

Il y avait nombreuse compagnie dans la hutte: une douzaine de dragons d'Écosse-Cavalerie se chauffaient à l'entour de l'âtre, tandis que leurs chevaux, piaffaient, attachés aux arbres voisins.

Bothwell ne prit point le temps de mettre pied à terre.

—A cheval, messieurs! dit-il.

Les dragons se levèrent aussitôt, mirent le pied à l'étrier, et se rangèrent aux côtés du régent d'Écosse.

Bothwell, escorté par eux, reprit sa route au galop, à travers les hautes futaies de la forêt.

Bientôt à la forêt succéda une petite plaine, puis une vallée étroite et sauvage encaissant un torrent, enfin une seconde forêt plus épaisse et plus sombre que celle de Dunbar.

Bothwell y pénétra sans hésiter, gagna un carrefour et s'y arrêta.

Alors il fit un signe à l'un de ses hommes, qui avait une trompe de chasse sur l'épaule, et le dragon sonna une fanfare. A cette fanfare répondit, dans le lointain, un hallali bruyant.

—Écosse est là! dit Bothwell.

Et il poussa son cheval.

Au bout d'une demi-heure, en effet, le futur mari de la reine atteignait les avant-postes du camp improvisé par le régiment d'Écosse-Cavalerie. Il était alors trois heures du matin, le jour naissait, et c'était à peu près le moment où le malheureux Wilkind recevait cet étrange sacre que vous savez des mains de M. d'Edimbourg.

Sa Majesté la reine d'Écosse était sur pied à deux heures du matin, et le château royal de Glascow, où se sont passées les premières scènes de notre récit, était en émoi dès cette heure matinale.

La reine partait pour Stirling, où elle allait voir son fils, le futur roi d'Écosse et d'Angleterre.

Une litière était prête, une compagnie des gardes à cheval rangée, le pistolet au poing des deux côtés de la litière.

La reine ne descendait point encore, cependant, et demeurait pensive et irrésolue, pâle et frémissante devant la glace où, à l'aide de ses camérières, elle venait de terminer sa toilette de voyage.

—Betsy, dit-elle enfin à la plus jeune de ses femmes, vous ne m'accompagnerez pas...

La jeune lady la regarda avec étonnement:

—Pourquoi cela, madame?

La reine hésita:

—Parce que je ne le veux pas! dit-elle brusquement en détournant la tête.

Puis, comme Betsy semblait, d'un œil effrayé, l'interroger sur cette sévère détermination, elle ajouta:

—Laissez-moi, je veux être seule.

La jeune femme sortit éperdue.

—Pauvre enfant! murmura Marie, pourquoi l'ai-je grondée? Je ne veux pas qu'elle me suive, mais c'est parce que je l'aime, parce qu'il y aura une lutte terrible, du sang versé...

La reine s'arrêta soudain.

—Du sang versé! s'écria-t-elle frissonnante, et c'est moi qui en serai la cause, c'est pour moi... c'est moi qui vais sacrifier mes meilleurs gentilshommes?...

Par un élan de remords, la reine rejeta vivement sur un siége le manteau de fourrure dont elle s'était déjà enveloppée.

—Non, jamais! murmura-t-elle, jamais!...

Mais en ce moment, dans le cœur troublé de la reine une voix s'éleva, celle de son amour,—devant son œil éperdu, une ombre passa, celle de Bothwell...

Et elle étendit la main vers son manteau pour le ressaisir; puis elle hésita, le repoussa de nouveau, le saisit encore...

Une fois encore peut-être, la sueur de l'angoisse et du remords au front, elle allait le repousser, quand la porte s'ouvrit, et le capitaine des gardes entra.

—On attend Votre Majesté, dit-il avec respect.

—Je vous suis, murmura la reine chancelante.

Il lui offrit son bras, elle s'y appuya en tremblant. Pendant le trajet qu'elle eut à faire de son appartement à sa litière, son amour et sa raison se livrèrent une dernière, une suprême lutte... la raison fut vaincue, et avec elle l'humanité, cette vertu des rois. L'amour, ou plutôt l'infâme habileté de Bothwell triomphaient. La litière s'ébranla, les gardes se placèrent aux portières. Ils étaient une trentaine environ, tous armés jusqu'aux dents, la tête haute, la mine fière et vaillante, le poing sur la hanche comme il convient à ces soldats d'élite dont la noble mission est de garder les rois.

Le cortége traversa les rues silencieuses de Glascow, et sortit de la ville.

La reine était seule dans sa litière.

La solitude, unie au silence de la nuit, que troublait seul le pas égal et cadencé des chevaux piétinant sur la terre gelée, vinrent bouleverser de nouveau l'esprit timoré de Marie.

Ses hésitations, ses remords la reprirent plus tenaces et plus implacables; vingt fois elle fut sur le point d'ordonner le retour sous le prétexte futile d'une indisposition; vingt fois elle fut dominée par la passion.

Au jour naissant, la litière royale et son escorte s'engagèrent dans la Vallée-Noire.

C'était une gorge étroite et sombre, empruntant sa qualification à deux forêts de sapins étendant leur manteau noir sur les flancs escarpés de deux hautes montagnes qui l'enserraient tout entière.

Un torrent roulait au milieu avec un lugubre et strident fracas. Ce torrent était bordé à droite et à gauche de grandes touffes d'arbousiers et de lianes grimpantes qui entrelaçaient leurs réseaux de l'une à l'autre rive.

Ces touffes gigantesques cachaient une moitié des dragons d'Écosse-Cavalerie.

—Où sommes-nous? demanda la reine, que ce site sauvage impressionnait.

—Dans la Vallée-Noire, répondit un garde.

La reine tressaillit.

—Mon Dieu! murmura-t-elle, ayez pitié de moi.

Presque au même instant un coup de feu se fit entendre, le garde qui courait en éclaireur tomba, et une escouade de dragons se montra hors du fourré.

La reine acheva de perdre la tête...

Le capitaine des gardes accourut:

—Madame, dit-il, nous sommes enveloppés.

—Par qui? fit elle avec terreur.

—Par le régiment des dragons d'Écosse-Cavalerie.

—Que me veut-il?

—Je n'en sais rien.

—Qui le commande?

—Je l'ignore; et j'attends les ordres de Votre Majesté.

La reine poussa un cri sourd.

—J'ai la tête perdue, murmura-t-elle, rendez-vous, rendez-vous sans coup férir!

Le capitaine des gardes était un gentilhomme français, un vieux soldat trempé aux luttes héroïques, et qui avait suivi en Écosse la jeune veuve du roi de France. A cet ordre de la reine: rendez-vous! il haussa les épaules et répondit:

—Vous savez, madame, que le gentilhomme qui se rend est déshonoré...

Et comme la reine ne répondait pas, et, le front dans ses mains, était en proie aux angoisses du remords et de la terreur, il ajouta:

—Et vous savez aussi, madame, que vos gardes sont tous gentilshommes.

La reine frissonnait et se taisait.

—Gardes! ordonna le capitaine, formez le carré, flamberge au vent, et pistolet au poing!

La manœuvre s'exécuta avec une promptitude admirable, la litière royale fut placée au centre du carré, et les soldats de la reine attendirent, calmes et forts, le choc de l'ennemi.

Alors le capitaine dépêcha l'un deux, avec un mouchoir blanc au bout de son épée, en signe de trêve, et le garde courut ventre à terre jusqu'aux premières lignes des dragons, qui s'étaient lentement rangés en bataille, aux ordres d'un chef inconnu et masqué, et se déployaient dans le milieu et sur les flancs de la vallée.

—Que voulez-vous? demandèrent les dragons au parlementaire.

—Et vous-mêmes? fit le garde.

—Vous interdire le passage.

—Savez-vous qui nous escortons? reprit le garde avec colère.

—Oui, dit un officier;—la reine.

—Eh bien! reprit le garde, puisque vous le savez, retirez-vous!

—Non! dit résolûment l'officier.

Le garde pâlit.

—Comment se nomme ce régiment? fit-il avec dédain.

—Écosse-Cavalerie.

—C'est donc un régiment écossais?

—Oui.

—Alors il est au service de la reine?

—Nous ne le nions pas.

—Eh bien! quand la reine ordonne, ceux qui mangent son pain lui doivent obéir. Arrière!

Nul dragon ne bougea.

—Vous êtes donc rebelles?

—Peut-être...

Le garde n'ajouta pas un mot, il éperonna son cheval, reprit au galop la route qu'il avait suivie, rendit compte de son infructueuse mission et rentra dans le carré.

Alors, comme les dragons continuaient à demeurer immobiles à leur poste, et ne faisaient nullement mine de vouloir attaquer les premiers,—ce furent les gardes qui, malgré leur petit nombre, marchèrent à leur rencontre, laissant la litière en arrière avec cinq d'entre eux pour la garder.

Le choc fut terrible.

Les deux troupes, dédaignant le pistolet, se heurtèrent, l'épée à la main, comme deux murailles d'acier qui marcheraient l'une vers l'autre.

La vallée, nous l'avons dit, était étroite; les dragons, quoique bien supérieurs en nombre, ne pouvaient s'y déployer aisément, et le combat qui s'engagea alors fut semblable à une nouvelle bataille des Thermopyles.

Le capitaine des gardes se fit tuer le premier; mais, avant d'expirer, il dit à celui de ses hommes qui le soutint dans ses bras:

—Cours vers la reine, fais-la rentrer au galop. Ce n'est plus une fuite, c'est une retraite.

Le garde partit. Au lieu de cinq, la reine avait désormais six défenseurs.

Ils entourèrent étroitement la litière, et tandis que leurs camarades se faisaient tuer un à un sans pouvoir entamer cette ligne d'airain que les dragons avaient formée sur les deux rives du torrent, ils rétrogradèrent, lentement d'abord, puis plus vite, et prirent enfin le galop.

Mais aussitôt un gros de dragons d'une vingtaine d'hommes se détacha du premier escadron, ayant à sa tête le personnage masqué qui avait constamment donné des ordres, et se mit à leur poursuite. Un moment ils luttèrent de vitesse, mais enfin les dragons arrivèrent à portée de pistolet et firent feu.

Les gardes, dont aucun ne tomba, ripostèrent.

Six hommes contre vingt!

Et cependant, la lutte qui s'engagea en cet instant dura vingt minutes; sept hommes tombèrent parmi les dragons, un seul garde fut atteint en pleine poitrine et tomba en criant:

—Vive la reine!

Comme au premier engagement, le pistolet fut laissé pour l'épée. Cinq dragons tombèrent encore, deux gardes moururent comme eux, sans reculer d'un pas.

Restaient trois hommes contre huit.

Mais trois hommes lassés, blessés, couverts de sang. La reine s'était évanouie dès le commencement du combat; elle reprit ses sens pendant une seconde et cria aux gardes:

—Rendez-vous; je le veux!

Mais, au lieu d'obéir à la reine, les gardes écoutèrent l'ardent galop de chevaux qui arrivaient sur eux, et la voix tonnante de cinq cavaliers qui leur criaient:

—Ne vous rendez pas!

C'étaient cinq hommes vaillants et forts, dont les épées nues brillaient au soleil levant et dont les yeux flamboyaient comme des épées nues.

Le premier avait une robe de prêtre—le second et le troisième portaient l'uniforme des gardes, les autres étaient vêtus comme de simples gentilshommes.

Est-il besoin de les nommer?

—A la litière! gardez la litière! cria don Paëz aux trois gardes chancelants, et laissez-nous la besogne.

La besogne dont il se chargea avec ses trois frères et Henry fut rude, car vingt autres dragons, passant sur le corps des débris de l'escorte royale, accouraient au secours du chef masqué.

Ce n'était plus contre huit que ces cinq hommes allaient combattre, c'était contre trente!

—Et pourtant ils ne reculèrent point, ils fondirent bravement sur eux, ils entamèrent d'estoc et de taille ce mur d'acier qui s'épaississait de minute en minute.

—Allons! hurla le chef masqué, dépêchons cette canaille et que tout cela finisse!

—Bothwell! exclama Henry.

Il poussa son cheval vers le lord, et lui porta un terrible coup d'épée au visage.

—Traître! s'écria Bothwell en le reconnaissant.

Il évita le coup en baissant la tête, et riposta par un coup de taille qui blessa le jeune garde à l'épaule.

Un flot de dragons les sépara un moment. Ils se cherchèrent des yeux, ils essayèrent de se rejoindre.

—A moi! à moi! s'écria Hector qui, à son tour, reconnut Bothwell.

—Le condamné! hurla Bothwell stupéfait.

Et tandis que don Paëz, Gaëtano et Gontran crevaient en dix secondes la poitrine à dix dragons, les deux ennemis se joignirent et s'attaquèrent avec une animosité telle, que les combattants qui les entouraient s'arrêtèrent comme dans ces luttes que chante Homère, où les deux armées suspendaient la bataille pour voir l'héroïque combat de leurs deux chefs.

Cinq fois l'épée de Bothwell atteignit la poitrine d'Hector, cinq fois Hector riposta et rougit la sienne du sang de Bothwell.

Enfin le lord se dressa sur ses étriers, prit son épée à deux mains et la laissa retomber de tout son poids sur la tête d'Hector.

Hector esquiva le coup, l'épée atteignit son cheval; et l'animal, se cabrant de douleur, renversa son cavalier sous lui.

Bothwell allait mettre pied à terre pour l'achever, quand un autre adversaire se présenta à lui.

C'était Henry.

La lutte recommença, les épées étincelèrent, s'entrechoquèrent, se rougirent à plusieurs reprises, lorsqu'enfin un éclair illumina la pensée de Bothwell, il porta vivement la main gauche à ses fontes, en tira un pistolet et fit feu.

Henry poussa un cri et tomba dans les bras d'Hector qui, s'étant dégagé, revenait implacable sur Bothwell.

—Adieu, frère... murmura-t-il.

Soudain un cri, une voix de femme retentirent. C'était la reine qui s'était jetée pâle, éperdue, hors de la litière et demandait qu'on l'entendît.

Les bras levés retombèrent, les épées rentrèrent dans le fourreau.

La reine jeta un regard consterné sur le champ de bataille... tous les gardes étaient morts, il ne restait plus de ses défenseurs que don Paëz et ses frères, dont le troisième, Hector, était à pied.

—Monsieur, dit la reine à Bothwell, toujours masqué, que me voulez-vous?

—M'assurer de votre personne, madame.

—Si je me fie à votre loyauté, laisserez-vous libres ces gentilshommes qui sont venus à mon secours?

—Oui, dit Bothwell avec joie, et oubliant un moment Hector.

—Je me rends, dit la reine.

Hector jeta un cri terrible et se précipita vers la reine.

—Ne le faites pas! ne le faites pas, madame! s'écria-t-il.

La reine le regarda fixement et recula avec effroi:

—L'assassin du roi! s'écria-t-elle, arrière! misérable!

Hector ne prononça pas un mot, n'exhala aucune plainte;—mais il prit son épée et l'appuya lourdement sur sa poitrine:

—Adieu, madame! murmura-t-il.

Et il allait se tuer sous les yeux de cette femme, à laquelle il avait dévoué sa vie, son honneur, son repos, son passé et son avenir—si un bras vigoureux ne lui eût arraché l'épée des mains.

C'était celui de Gontran, qui le saisit ensuite par les cheveux, le rejeta sur sa selle, et, enfonçant l'éperon aux flancs de son cheval, prit du champ et s'éloigna au galop, criant à don Paëz et à Gaëtano:

—Frères! en avant! nous n'avons plus rien à faire ici.

Don Paëz et Gaëtano n'avaient point attendu ce cri pour le suivre; ils galopèrent bientôt côte à côte, laissant Bothwell, la reine et les dragons stupéfaits de cette brusque retraite.

—Frère, dit alors Hector, laisse-moi en finir; la vie m'est à charge!

—Nous sommes les fils de Penn-Oll, répondit Gontran, et l'enfant n'est point retrouvé! ta vie ne t'appartient pas!...

Les quatre frères coururent le monde pendant dix-huit mois, allant du Nord au Sud et de l'Ouest à l'Est, s'arrêtant dans chaque ville importante et demandant à tous les échos le nom du lieu qui recélait leur enfant.—Recherches vaines!

—L'enfant n'est plus; murmura don Paëz lassé.

—Non! s'écria Gontran avec énergie; non! l'enfant n'est pas mort, j'en jurerais sur ma tête.

—Alors, répondit don Paëz, le hasard seul peut nous le rendre désormais. Confions-nous au hasard, et si dix années s'écoulent sans qu'il ait reparu, il sera inutile de le chercher plus longtemps.

—Soit! murmura Gontran; mais, Dieu aidant, je le retrouverai, moi!

—Et si nous échouons encore, observa à son tour Gaëtano, que ferons-nous?

Ils se regardèrent tous quatre; puis Hector murmura de sa voix mélancolique et grave:

—Le grand-père de l'enfant était le frère aîné de notre père, notre père est donc l'héritier de l'enfant, c'est lui que nous ferons duc.

—Et, demanda don Paëz qui tressaillit soudain, si notre père meurt d'ici-là?

—Eh bien! ce sera l'aîné d'entre nous, toi, don Paëz, qui seras duc de Bretagne.

Un frisson d'orgueil passa dans les veines du Castillan.

—Peut-être monterai-je plus haut, murmura-t-il.

Les trois frères tressaillirent.

—Tu es donc bien ambitieux? firent-ils.

—Moi! répondit don Paëz, je voudrais pouvoir prendre le monde dans ma main et l'y enfermer tout entier.

—Pauvre fou! murmura Gaëtano.

—Appelle-moi sage, plutôt. Il vaut mieux viser loin que près; si l'on n'atteint pas le but, au moins on s'en approche. L'amour, le vin, le jeu, sont des passions d'enfant et de jeune homme! Le souffle de la vingtième année les fait éclore, la première ride du front les emporte.—L'ambition, au contraire, c'est la passion froide et calculée de l'avenir, le mobile de l'âge mûr, la raison suprême, la sagesse réelle de la vie. Broyer sous son pied les vanités puériles et les aspirations de la jeunesse, se faire des hommes et de leurs passions un marchepied, monter toujours, monter sans cesse, guidé par une volonté de fer, et arriver ainsi jusqu'au faîte; alors les hommes et les passions vous paraissent si petits qu'on en lève les épaules de pitié!... Frères, voilà la poésie vraie, le côté réellement prestigieux de la vie!

Les trois frères frissonnèrent d'inquiétude.

—Toi, Hector, dit don Paëz, tu as l'âme ulcérée, parce que tu aimais une reine et que cette reine ne t'aimait pas? Dans quinze ans, tu pleureras sur ton amour tout comme aujourd'hui.

—C'est vrai, interrompit Hector.

—Seulement, ce ne sera point la femme que tu regretteras...

—Et que sera-ce donc?...

—Le trône d'Écosse! dit froidement don Paëz.

Hector, étonné, ne parut point comprendre.

—Écoute, continua don Paëz; qu'était-ce que lord Bothwell?—un grand seigneur d'Écosse, rien de plus! Il n'aimait pas la reine, mais il l'a poursuivie, menacée, et il l'a épousée... il est devenu roi!—Qu'étais-tu, toi?—un gentilhomme n'ayant que la cape et l'épée; mais un gentilhomme issu des ducs de Bretagne, et qui, pour la naissance et le courage égalait au moins Bothwell... Pourquoi, le sort aidant, n'eusses-tu point été roi?

Hector baissa la tête:

—Je ne sais, murmura-t-il, si dans quinze ans je changerai de langage, mais ce que je sais aujourd'hui c'est que le jour où notre frère Gontran m'arracha à l'épée de Bothwell, fut un jour maudit.

—Frère, répondit don Paëz, expose ton front au vent de l'avenir: le temps cicatrise toutes les blessures, celles de l'amour avant les autres. Viens avec moi, je retourne auprès du roi mon maître; ma vie sera la tienne, et si je suis heureux tu le seras.

—Soit, dit Hector, je te suivrai!

—Frères, dit à son tour Gontran, je ne suis, moi, ni amoureux, ni ambitieux, mais ma vie a un but, un but unique;—je veux retrouver l'enfant!—Je vais continuer à marcher vers mon but.

Gontran salua ses frères, mit l'éperon aux flancs de son cheval et partit.

—Moi, fit enfin Gaëtano avec son railleur sourire, j'ai laissé à Naples une contessina que les gens du roi disent aussi belle que la madone; elle a de l'esprit comme le majordome de Satan; le contessino, son vénérable époux, vient de mourir en lui léguant tout son bien, qui se compose d'un palais au bord de la mer et d'un coteau aux flancs du Vésuve, où pousse le lacryma-christi. J'aimerais assez un palais, j'aime plus encore le jus divin du Vésuve; je n'ai nul besoin d'aimer la contessina pour l'épouser.—Frères, adieu!

Et Gaëtano, piquant sa monture, partit à son tour.

Alors don Paëz et Hector se trouvèrent cheminer seuls, et le castillan murmura ce court monologue:

—Cinq ans se sont écoulés depuis mon départ d'Espagne, et l'infante est aujourd'hui dans l'âge où l'on aime. Allons! don Paëz, mon ami, l'heure va sonner où il faudra redresser votre taille galante, avoir de frais rubans au justaucorps, le poing sur la hanche et l'œil fascinateur... Il y va d'une vice-royauté, et vous aurez à lutter contre une douzaine de grands seigneurs, contre un roi; et, de plus, contre un tribunal secret dont les arrêts sont sans appel et qu'on nomme la sainte Hermandad! N'importe;—j'arriverai au but!

Cinq jours après don Paëz était à Madrid.

FIN DES CAVALIERS DE LA NUIT.